Victoria
Eine Königstochter erobert die Herzen

Stefan Blatt

VICTORIA

EINE KÖNIGSTOCHTER
EROBERT DIE HERZEN

Knaur

Besuchen Sie uns im Internet:
www.knaur.de

Copyright © 2010 bei Knaur Verlag.
Ein Unternehmen der Droemerschen Verlagsanstalt
Th. Knaur Nachf. GmbH & Co. KG, München
Alle Rechte vorbehalten. Das Werk darf – auch teilweise – nur mit
Genehmigung des Verlages wiedergegeben werden.
Redaktion: Sabine Thiele, München
Umschlaggestaltung: ZERO Werbeagentur, München
Umschlagabbildungen Vorderseite: Gettyimages / Pascal Le Segretain
Rückseite: dpa / picture alliance; Associated Press / dpa images
Satz: Adobe InDesign im Verlag
Druck und Bindung: C. H. Beck, Nördlingen
Printed in Germany
ISBN 978-3-426-65490-3

*Kein steinern Bollwerk kann der Liebe wehren,
und Liebe wagt, was Liebe irgend kann.*
William Shakespeare (1564–1616)
Romeo und Julia

Inhalt

Vorwort
9

1
Die Verlobung
»Am Ende siegt die Liebe«
13

2
Geburt und Thronfolgeregelung
»Eine Prinzessin für Schweden«
39

3
Glückliche Kindheit,
schwierige Jugend
»Jedem stellt das Leben eine Aufgabe«
61

4
Dunkle Zeiten
*»Ich kam mir einsam
und verloren vor«*
97

5
DANIEL WESTLING
»Aus Freundschaft wurde Liebe«
125

6
KRONPRINZESSIN VICTORIA
*»Ich wurde geboren,
um Schweden zu helfen«*
181

7
HOCHZEIT
»Ihr habt mir meinen Prinzen gegeben«
223

QUELLENVERZEICHNIS
DIVERSE INTERNETSEITEN
BILDNACHWEIS
239

Vorwort

»Vor unseren Augen beginnt ein neues Märchen« war der Titel der Geschichte, die ich im Februar 2009 über die Verlobung von Kronprinzessin Victoria von Schweden und Herrn Daniel Westling schrieb. Sieben Jahre lang hatte die Tochter von König Carl Gustaf und Königin Silvia um ihre große Liebe gekämpft – gegen Vorurteile, die ihre Eltern gegen Daniel hegten, gegen Widerstände am Königshof und gegen Anfeindungen aus dem schwedischen Adel.

Es hieß, Daniel sei nicht standesgemäß und nicht gebildet genug. Er wurde als Fitnesstrainer verspottet, obwohl er, schon als die Freundschaft mit Victoria begann, Teilhaber eines exklusiven Sportclubs war und nur gelegentlich VIP-Kunden trainierte. Er hätte keine soziale Kompetenz, doch dabei musste er sich in einer für ihn fremden Welt zurechtfinden, nur mit Victoria an seiner Seite. Wie gut ihm das gelungen ist, sehen wir heute.

Gegen die Lügen und Verleumdungen kämpfte er um seine Beziehung zu Victoria und um ihre Zukunft. »Es wird eine Zeit kommen, in der ihr mich alle besser kennenlernen werdet«, kündigte er im Jahr 2005 an, als er schon drei Jahre mit Victoria zusammen und sehr viel mediengewandter war. Diese Zeit ist jetzt gekommen. Das Happy End für Victoria und Daniel hat spätestens am Tag ihrer Hochzeit begonnen.

Zeitungen und TV-Sender, die Daniel früher angefeindet haben, preisen ihn heute als Supermann. In Umfragen schnellen seine Sympathiewerte nach oben. Die von Victoria sind sowieso nicht mehr zu toppen. Und so zählen die beiden zu den beliebtesten royalen Paaren Europas. Der Weg dorthin war wie im Märchen: extrem mühsam und von Dornenbüschen versperrt, doch ihre Liebe hat alle Hindernisse überwunden.

Die zukünftige Königin und der Bursche aus dem Volk. Daran mussten sich auch die sonst so toleranten Schweden erst gewöhnen. Eigentlich merkwürdig: Die Königin, die Mitte der Siebzigerjahre als Silvia Sommerlath aus Heidelberg nach Stockholm gekommen war, um den schwedischen König zu heiraten, wurde von ihren neuen Untertanen ohne Vorurteile und mit großer Herzenswärme aufgenommen.

Dieses Glück wurde Daniel erst nach der Verlobung mit Victoria zuteil. Endlich konnte die Kronprinzessin der ganzen Welt erzählen, wie gut Daniel Westling ihr tut, wie sehr er sie beschützt und wie wunderbar sich seine Liebe anfühlt. Als sie nur befreundet waren, verbot solche Aussagen das Protokoll. »Ja, ich mag ihn«, war das Äußerste, was Victoria über ihre Beziehung zu Daniel sagen durfte. Kein Wunder, dass viele Schweden bei solch nüchternen Worten nicht an die große Liebe glauben wollten.

Victoria wirkt seit ihrer Verlobung wie befreit, auch wenn diese Zeit nicht immer einfach war. Daniel Westling leidet seit seiner Geburt an einer Nierenkrankheit, und im Mai 2009 musste ihm eine neue Niere transplantiert werden, um eine langfristige Schädigung des Körpers zu verhindern. Mittlerweile geht es ihm wieder ausgezeichnet, auch wenn er sein Leben lang Medikamente wird nehmen müssen. Auf öffentlich geäußerte Befürchtungen, dass Daniel einem Leben an der Seite der Kronprinzessin nicht gewachsen sein könnte, reagiert Victoria nur mit einem souveränen Lächeln. Sie weiß schließlich, zu was ihr Daniel alles fähig ist.

Als Victoria 2001 Daniel erstmals traf, war sie in einer schweren Krise. Zwar hatte sie ihre Essstörungen überwunden, aber sie litt an Selbstzweifeln. Der öffentliche Druck hatte sie krank gemacht. Daniel habe ihr wieder Mut gegeben, sagt die Kronprinzessin heute. Bei ihm fühle sie sich sicher und geborgen.

Wer Victoria bei offiziellen Anlässen erlebt, kann kaum glauben, dass sie einmal durch die Hölle ging. Von ihr geht ein ganz spezieller Zauber aus. Wenn sie spricht, wird es still im Saal – weil jeder hören möchte, was sie zu sagen hat. Ihre Fröhlichkeit macht andere Menschen glücklich. Wohl niemand, der der Kronprinzessin begegnet ist, wird sie je vergessen.

Daniel ist ein entscheidender Grund dafür, dass Victoria die Magie, die sie von ihrer Mutter Silvia geerbt hat, versprühen kann. Mit ihrer Liebe werden Victoria und Daniel alles meistern. Schon ihr Name steht dafür – Victoria ist lateinisch und heißt die Siegerin. Und wir sind Zeugen dieses märchenhaften Glücks.

Stockholm, im Juni 2010

I

DIE VERLOBUNG

»Am Ende siegt die Liebe«

Als König Carl Gustaf Ministerpräsident Fredrik Reinfeldt am 22. Februar 2009, einem verschneiten und bitterkalten Sonntagabend, nach Drottningholm bestellte, war das Rätselraten über den Grund des so kurzfristig anberaumten Treffens groß. Etwas Wichtiges musste es sein, was nicht bis zum Montag, an dem der König wieder in seinem Büro im Königlichen Schloss wäre, warten konnte. Umso größer war dann die Überraschung und natürlich die Freude, als König Carl Gustaf seinem Regierungschef mitteilte, dass Kronprinzessin Victoria und Herr Daniel Westling sich verlobt hätten und er dazu seine Zustimmung gegeben habe.

Die Verlobung einer Kronprinzessin ist ein Staatsakt, an dem viele Menschen beteiligt sind. Victoria ist die einzige Schwedin, die nur mit der Erlaubnis ihres Vaters heiraten darf, da sie ansonsten ihren Anspruch auf den Thron verliert. Genehmigt der König die Hochzeit, muss er die Regierung informieren, die ihrerseits ihre Zustimmung geben muss.

Der Wortlaut des offiziellen Schreibens, das diesen Staatsakt besiegelte, war:

An die Regierung
Unsere Tochter, I.K.H. Kronprinzessin Victoria, hat
Uns ihren Wunsch unterbreitet, die Ehe mit Herrn

Daniel Westling (730915-6615) eingehen zu dürfen. Mit großer Freude haben Wir heute Unsere Zustimmung dazu gegeben.

Mit Verweis auf die Bestimmungen des Grundgesetzes (SO §5) überstellen Wir diesen Beschluss der Regierung zur Zustimmung.

Fredrik Reinfeldt gab natürlich sofort erfreut seine Zustimmung und verließ nach einer Stunde wieder Schloss Drottningholm.

Nachdem die offizielle Seite damit abgeklärt war, griff der König zum Hörer, um den engeren Familienmitgliedern persönlich die frohe Botschaft von der Verlobung seiner ältesten Tochter zu übermitteln. Die Familie freute sich sehr mit Victoria und Daniel, die so lange hatten kämpfen müssen, um endlich vor den Traualtar treten zu dürfen. Vor allem Madeleine war glücklich, denn diese hatte ihrer Schwester all die Jahre beigestanden und Victorias und Daniels Liebe unerschütterlich gegenüber den Zweifeln innerhalb der königlichen Familie und in Victorias Freundeskreis verteidigt.

Selbstverständlich wussten Daniels Eltern auch schon von den Plänen ihres Sohnes, um die Hand von Victoria anzuhalten, und als der König seine Zustimmung gegeben hatte, waren sie außer sich vor Freude. Und natürlich sehr, sehr aufgeregt und unsicher, wie sich ihr Leben nach Bekanntwerden dieser Nachricht verändern würde. Auf jeden Fall mussten erst einmal neue Kleider gekauft werden, da man in den nächsten Tagen und Wochen an diversen Verlobungsfeierlichkeiten teilnehmen würde.

Zwei Tage später, am 24. Februar, versammelte sich schon morgens um sieben in der Früh die Presse vor dem Königlichen Schloss. Die Zeitung *Expressen* hatte Wind von der anstehenden Bekanntgabe bekommen und schon um sechs Uhr morgens auf ihrer Webseite getitelt: »Heute wird Victorias Verlobung offiziell.« Die Stadt schlief noch friedlich, schneeüberzuckert in voller Winterpracht, doch langsam kündigten sich die ersten Vorboten der großen Sensation an, die an diesem Tag auf das schwedische Volk wartete.

Die Nachricht löste in Schweden binnen weniger Stunden ein mittleres Erdbeben aus. Schon kurz nach den ersten Schlagzeilen und Berichten brach die offizielle Internetseite des Hofes zusammen, ein Zugreifen war nicht mehr möglich. Fast alle TV-Sender unterbrachen im Lauf des Morgens ihre Programme und sendeten live vom Schlossplatz. Tausende Menschen waren in der Zwischenzeit in der Innenstadt zusammengeströmt, viele schwenkten die blau-gelbe Nationalflagge.

Doch bis zum Mittag musste die versammelte Presse und ganz Schweden noch Geduld haben, als nach einem außerplanmäßigen Zusammentreten der Regierung endlich die offizielle Pressemitteilung des Hofes das Land erreichte:

Heute, am 24. Februar 2009, wurde auf dem Königlichen Schloss die Verlobung von Kronprinzessin Victoria und Daniel Westling bekanntgegeben. Nachdem seine Majestät der König seine Zustimmung gegeben hatte, dass die Kronprinzessin die

Ehe mit Herrn Daniel Westling eingeht, hat seine Majestät gemäß den Grundgesetzbestimmungen die Einwilligung der Regierung eingeholt, die bei einem extra anberaumten Zusammentreffen heute gegeben wurde.
Der Beschluss wurde dem König im Rahmen der heutigen Kabinettssitzung übergeben.
Die Hochzeit wird für den Frühsommer 2010 angesetzt. In Verbindung mit der Vermählung wird Daniel Westling der Titel Prinz Daniel, Herzog von Västergötland verliehen. Der zukünftige Wohnort der Kronprinzessin und ihres Verlobten wird noch diskutiert und verschiedene Alternativen überprüft.

Auch der Ministerpräsident gab eine Erklärung ab. Sichtlich gerührt sagte Fredrik Reinfeldt nach seinem offiziellen Statement noch einige persönliche Worte: »Ich fühle eine große Freude. Unsere Kronprinzessin bekommt einen Mann aus dem Volke, die Liebe hat gesiegt.«

Gleichzeitig veröffentlichte der Hof eine in aller Eile aufgenommene Videobotschaft auf dem Internetportal youtube. Es ist ein Dokument der Zeitgeschichte, voller großer Gefühle, aber auch ein wenig unbeholfen. Victoria und Daniel sitzen in dem Film gemeinsam mit dem Königspaar an einem Tisch im Palast. Da sie in der Kürze der Zeit ihre Reden nicht auswendig lernen konnten, haben alle außer Victoria kleine Spickzettel vor sich liegen, auf die sie immer wieder verstohlene Blicke werfen. König und Königin sind wie immer souverän und die Ruhe selbst, Daniel wirkt ein wenig angespannt in der ungewohnten Situation, und Victoria strahlt überglücklich.

König Carl Gustaf beginnt mit einer kurzen Einführungsrede: »Wie Sie sicherlich ahnen, habe ich heute eine besondere Nachricht. Heute wird die Verlobung zwischen Kronprinzessin Victoria und Herrn Daniel Westling bekanntgegeben. Für unsere Familie ist das natürlich ein großes Ereignis.«

Er blickt zu Victoria und seinem zukünftigen Schwiegersohn und fährt fort: »Aber ich glaube, dass es für euch auch ein mindestens ebenso großes Ereignis sein wird, denn es ist der Anfang von einem sehr langen gemeinsamen Leben. Die Hochzeit wird im Frühsommer stattfinden, so wie es bei uns üblich ist, denn zu dieser Jahreszeit ist Schweden so schön. Aber in welchem Jahr haben wir gesagt? 2010, das haben wir gesagt.«

An Daniel gewandt spricht der König sehr lobende Worte über den Verlobten seiner Tochter, vielleicht, um die in Schweden kursierenden Gerüchte zu zerstreuen, er würde Victorias Auserwählten nicht mögen: »Während der letzten Jahre haben wir dich sehr gut kennengelernt, und wir wissen heute, dass du ein junger Mann bist, der hart und seriös arbeitet, der das Leben sehr ernst nimmt und der genau weiß, auf was er sich da eingelassen hat. Du hast ein eigenes Unternehmen aufgebaut und gute Mitarbeiter ausgewählt. Wegen all dieser Dinge freut es uns besonders, dich in unserer Familie begrüßen zu dürfen.«

Der König verweist des Weiteren darauf, dass er gesetzesgemäß die Einwilligung der Regierung eingeholt hat und diese später bei einer Kabinettssitzung persönlich über das freudige Ereignis informieren wird. Dann fährt er fort:

»Natürlich ist es für uns ein besonderer Tag, aber es ist auch ein besonderer Tag für Schweden. Es wird etwas ganz Neues in der Zukunft geben. Wir blicken zuversichtlich nach vorn. Und nun glaube ich, dass Mama auch etwas sagen möchte.«

Nach dieser staatstragenden und etwas steifen Ansprache greift die Königin zu ihrem Zettelchen und preist das neue Familienmitglied mit warmen Worten: »Wir nehmen Daniel mit offenen Armen in unserer Familie auf. Ich habe ihn als bescheiden, aber auch als sehr selbstsicher erlebt, als nachdenklich und klug.

Daniel ist voller Energie, positiv und rücksichtsvoll. Er wird Victoria ein wunderbarer Ehemann sein. Wir haben volles Vertrauen in dich, Victoria, und in deine Wahl. Ich werde alles tun, um euch zu helfen und zu unterstützen. Wenn Daniel die gleiche Wärme und Zuneigung erlebt, die mir von Anfang an vom schwedischen Volk entgegengebracht wurde, würde ich mich sehr freuen. Ihr habt mich mit so viel Herzlichkeit und Wohlwollen empfangen, habt mich gestützt und mir Sicherheit gegeben, und das wärmt mich bis heute. Jetzt wird ein neues Kapitel geschrieben. Ich freue mich sehr für euch.«

Nun ist endlich Daniel Westling an der Reihe. In seiner kurzen Rede präsentiert er sich als erfolgreicher Geschäftsmann, weist aber auf eine Tugend hin, über die ein zukünftiger Prinzgemahl verfügen muss: Bescheidenheit.

»Die Kronprinzessin und ich haben einander gefunden«, beginnt er. »Unsere Liebe ist in den Jahren groß und stark geworden. Ich möchte dem König, der Königin und allen anderen Mitgliedern der königlichen Familie für die Herzlichkeit danken, die uns entgegengebracht wird.

Meine zentrale Aufgabe wird es sein, die Kronprinzessin in ihrer wichtigen Arbeit zu unterstützen. Ich hoffe, dass ich auch eines Tages Schweden auf meine Art dienen kann. Fitness, Gesundheit und Unternehmertum sind die Themen, die mir am Herzen liegen. Man wird an mich als Mann der Kronprinzessin besondere Anforderungen stellen. Ich bin mir darüber im Klaren, und ich werde alles tun, um die Erwartungen zu erfüllen. Ich weiß, dass man Vertrauen nicht einfach geschenkt bekommt, man muss es sich verdienen. Ich werde alles tun, um mir das Vertrauen des schwedischen Volkes zu verdienen.«

Victoria darf nun noch die Schlussworte sprechen: »Ich bin glücklich und stolz darauf, für Schweden arbeiten zu dürfen. Aber es ist einfacher, diese Aufgaben zu lösen, wenn man zu zweit ist. Mit Daniel an meiner Seite fühle ich mich sicher. Ihr habt bestimmt in den letzten Jahren bemerkt, dass ich stärker und glücklicher geworden bin. Nun können wir endlich anfangen, etwas Eigenes aufzubauen, und eine Familie gründen. Ich möchte Mama und Papa für ihre Hilfe und Unterstützung danken. Aber ich will auch dem schwedischen Volk danken, für all die Herzlichkeit, die uns von euch entgegenströmt. Eure Unterstützung ist für uns sehr wichtig. Danke!«

Als Zeitungen und TV-Sender noch am selben Tag das Verlobungsvideo ins Internet stellten, brachen auch deren Webseiten zusammen, da zu viele Menschen in Schweden und in aller Welt die frohe Botschaft sehen wollten. Für das zukünftige Brautpaar war dies allerdings nur der Auftakt eines Redemarathons.

Am Nachmittag desselben Tages, kurz nach siebzehn Uhr, veranstaltete der Hof eine Pressekonferenz, zu der nur ausgewählte Journalisten zugelassen waren, und anschließend ein offizielles Interview mit Victoria und Daniel. Hierfür hatten die beiden einen besonderen Ort ausgewählt: den Blauen Salon in der ehemaligen Wohnung von Prinzessin Sibylla, der verstorbenen Mutter König Carl Gustafs, im Stockholmer Schloss. Diese Räume sind aus dem 18. Jahrhundert und werden nur selten, und dann zu Repräsentationszwecken geöffnet.

Hier hatten auch Silvia und Carl Gustaf am 12. März 1976 ihre Verlobung verkündet. Wie Victoria und Daniel saßen sie damals mit Labrador Charly unter einem Porträt von Karl XIV. Johan (1763–1844), dem ersten schwedischen König der Bernadotte-Dynastie – allerdings auf einem anderen Sofa. Und genau wie nun bei Victoria und Daniel hatten die Journalisten dem jungen Paar und seiner Liebe applaudiert. Silvia hatte damals die Herzen der Schweden im Sturm erobert, in dem sie für alle überraschend auf Schwedisch versprach: »Ich möchte mein Leben und meine Liebe meinem zukünftigen Mann und meinen neuen Landsleuten schenken. Ich möchte Gutes tun, wann immer und wo immer ich kann.«

Nun, mehr als dreißig Jahre später, saßen Victoria und Daniel an selber Stelle. Victoria trug ein leuchtend blauviolettes Kleid mit einer entzückenden Brosche, die Haare elegant im Nacken eingeschlagen. Daniel trug die Haare sauber zurückgekämmt und einen eleganten schwarzen Anzug. Während der Pressekonferenz wirkten beide gelöst, Victoria lehnte sich immer wieder für einen Moment zärtlich an ihren Verlobten. Offen und augenscheinlich glücklich und verliebt, sprachen sie über ihre gemeinsame Zukunft. Daniel machte dabei einen souveränen und äußerst sympathischen Eindruck, und für Victoria gehörten solch offizielle Auftritte ohnehin seit vielen Jahren zu ihren gewohnten Aufgaben. Doch auch sie wirkte heute noch lockerer und natürlicher als sonst.

Die beiden Frischverlobten trugen die gleichen Armreifen aus gehämmertem Silber, die schon seit 2003 ein Zeichen ihrer Liebe und Verbundenheit sind. Die beiden Schmuckstücke hatten sie sich extra anfertigen lassen, darauf sind ihre Namen eingraviert.

Glücklich, aber auch ein wenig nervös, sprach Victoria über ihre Verlobung und ihre Zukunftspläne. »Das ist heute eine besondere Situation«, sagte sie. »Daniel und ich haben uns verlobt, der König und die Regierung haben ihre Zustimmung gegeben. Nun können wir mit den Plänen für die Hochzeit im Frühsommer 2010 beginnen. Ich möchte die Gelegenheit nutzen und dem schwedischen Volk für die Herzlichkeit danken, die man uns entgegengebracht hat. Wir möchten auch den schwedischen

Medien dafür danken, dass sie uns während all dieser Jahre Respekt gezeigt haben.«

Nachdem sie geendet hatte, ergriff Daniel Westling das Wort und sprach über die Aufgaben, die künftig auf ihn warteten. Dabei stellte er klar, welche Rolle er in Zukunft am Hof spielen werde. Wenn Victoria eines Tages Königin und damit Chefin des Hauses Schweden und erste Repräsentantin ihres Staates wird, bleibt Daniel nur Prinzgemahl und steht damit eine Stufe unter seiner Ehefrau. Er betonte, wie sehr ihm die Verantwortung, die dabei auf ihm lastet, bewusst sei und versprach, die Kronprinzessin zu unterstützen, wo er nur kann.

»Wie Sie sich sicherlich vorstellen können, ist heute für die Kronprinzessin und mich ein unglaublich großer Tag. Wir freuen uns auf unser gemeinsames zukünftiges Leben. Ein Leben, das für mich hauptsächlich darin bestehen wird, die Kronprinzessin in ihrer wichtigen Arbeit für Schweden zu unterstützen. Ich hoffe, dass mir das schwedische Volk eines Tages sein Vertrauen schenken wird«, endete er seine sehr persönliche und bewegende Ansprache.

Danach waren Fragen der Journalisten zugelassen. Und wie es sich für eine Kronprinzessin gehört und das Hofprotokoll vorsieht, antwortete Victoria immer zuerst. Ein Reporter fragte auf Englisch, warum die beiden mit der Verlobung so lange gewartet hätten.

Victoria antwortete darauf sehr ehrlich und authentisch: »Für viele wäre es eine lange Zeit, aber wir hatten das Gefühl, dass wir diese Zeit brauchen. Wir haben uns nicht nur sehr, sehr gut kennengelernt, wir brauchten auch diese Zeit für uns, ohne den offiziellen Rahmen. Ich wollte erst mein Studium beenden, und Daniel hatte ja auch sein Unternehmen, das er aufgebaut hat.«

Daniel pflichtete ihr bei und betonte noch einmal, was er in den vergangenen Jahren alles hatte lernen müssen: »Ich habe diese Zeit wirklich gebraucht, damit ich mich anpassen und begreifen konnte, um was es hier eigentlich geht. Ich musste mich an meine Rolle erst gewöhnen. Es wäre naiv gewesen, nach einem Jahr einfach auf die Knie zu fallen und um Victorias Hand anzuhalten. Ich glaube, dann wäre es schiefgegangen. Ich habe diese Zeit einfach gebraucht.«

Als der Reporter wissen wollte, ob ihr Leben nun einfacher werde, antwortete Daniel mit einem erleichterten Seufzer: »Viel einfacher.« Danach sah er Victoria an, nahm ihre Hand und hielt sie ganz fest.

Die Pressevertreter hatten sich trotz der kurzfristigen Einladung in den Palast gut vorbereitet, und so wusste einer von ihnen eine Anekdote von Silvia und Carl Gustaf zu berichten. Der König hatte auf der Pressekonferenz anlässlich ihrer Verlobung über den Zeitpunkt, an dem er sich in Silvia verliebt hatte, gesagt: »Als ich sie gesehen habe, hat es einfach Klick gemacht.« Jetzt stellte sich die Klick-Frage natürlich auch bei Victoria.

Die Kronprinzessin antwortete mit einem Lächeln: »Es hat nicht Klick gemacht. Daniel und ich hatten eine wunderbare und starke Freundschaft. Wir waren sehr nahe Freunde, und diese Freundschaft wuchs und wurde zu Liebe. Das gab mir auch eine große Sicherheit. Die Sicherheit und Geborgenheit, die ich bei Daniel fühle, ist

unglaublich groß. Darauf baute auch unsere Freundschaft auf – diese phantastische Sicherheit. Außerdem haben wir unglaublich viel Spaß miteinander, das sollte man auch nicht unterschätzen. Es tut mir also leid, aber es gab kein Klick.«
Und wie war es bei Daniel?
»Die Kronprinzessin hat ein unglaublich großes Herz«, antwortete er lächelnd. »Und wie Victoria schon sagte, waren wir Freunde, und aus der Freundschaft wurde Liebe. Es gab keinen besonderen Punkt. Es war das Ganze – eine perfekte Chemie zwischen uns.«

Stolz präsentierte Victoria den Journalisten ihren Verlobungsring. Mit einem überglücklichen Lächeln hielt sie den Ring an ihrem Finger in Richtung Kameras. Angefertigt wurde er vom königlichen Hofjuwelier Christian Bolin. Daniel Westling hat bei ihm das Schmuckstück aus Platin mit einem Diamanten von mindestens zwei Karat bestellt.
Experten schätzen, dass der Verlobungsring mindestens hunderttausend Euro gekostet haben könnte. Ob Daniel den Ring selbst bezahlt hat oder ob er aus dem Bernadotte-Familienerbe stammt, ist nicht bekannt. Hartnäckig hält sich das Gerücht, dass er den Diamanten von Silvia bekommen hat. Zu ihrer Verlobung schenkte Carl Gustaf seiner Silvia einen Ring, den er von seiner verstorbenen Mutter Prinzessin Sibylla von Sachsen-Coburg und Gotha geerbt hatte. Diesen, so behaupten einige Königshausexperten, habe Silvia an Daniel weitergegeben, der den Ring restaurieren und umarbeiten ließ.

Sowohl Victoria als auch Daniel wollten das Geheimnis um den Ring nicht lüften. Victoria sagte dazu nur: »Dieser Ring bedeutet mir unendlich viel, mehr möchte ich dazu aber nicht sagen.«

Daniel selbst trug übrigens nach internationaler Tradition keinen Verlobungsring. Dabei ist es in Schweden eigentlich üblich, dass sowohl der Mann als auch die Frau Verlobungsringe tragen, die Männer verzichten dann nach der Hochzeit allerdings meistens auf einen Ehering.

Die Reporter wollten nun wissen, wie die Familien von Victoria und Daniel auf ihre Liebe reagiert hätten.

Victoria antwortete wieder zuerst: »Daniel kommt aus Ockelbo, und er hat eine phantastische und herzliche Familie, eine kleine Familie, die zusammenhält. Für mich war es von Anfang an eine große Freude, Daniels Familie zu besuchen. Ich fühlte mich dort sehr herzlich aufgenommen. In Ockelbo konnte ich meine Batterien aufladen.«

Daniel Westling sagte über seine Erfahrungen mit der königlichen Familie: »Der König und die Königin haben mich von Anfang an mit großer Herzlichkeit aufgenommen und mich unterstützt. Die Geschwister der Kronprinzessin kenne ich durch meine Arbeit seit vielen Jahren sehr gut. Das war ganz einfach. Es gab viele nette Sonntagsessen.«

Natürlich durfte bei dieser Pressekonferenz das Thema Heiratsantrag nicht fehlen. Daniel musste sich viele Gedanken darüber machen, wo er um Victorias Hand anhalten wollte. Ein romantisches Dinner im Schloss oder in einem Sterne-Restaurant wäre nicht in Frage gekommen. In einem Lokal hätte es zu viele Zeugen gegeben, und auch im privaten Rahmen konnte er bei solch einer heiklen Angelegenheit nicht auf die Loyalität des königlichen Personals vertrauen. Zu groß wäre für die royalen Angestellten die Versuchung gewesen, die Verlobungsnachricht an die Presse zu verkaufen, auch wenn sie nach dem schwedischen Gesetz dafür sogar ins Gefängnis hätten kommen können. Plaudert zum Beispiel ein Leibwächter Palastgeheimnisse aus, droht ihm eine Haftstrafe.

Also wählte er einen Ort, an dem ihn niemand belauschen konnte: den Garten von Schloss Drottningholm. Der Wohnsitz der königlichen Familie ist einer der am besten bewachten Orte auf der Welt, so dass Daniel keine Angst vor Paparazzi haben musste. Außerdem lieben beide die Natur, so dass dies auch aus diesem Grund der perfekte Ort für so eine wichtige Frage war.

Am Valentinstag 2009 lud er Victoria zu einem Spaziergang ein. Es gibt im Schlosspark einen Weg, der zu einer kleinen Bucht führt. »Liebessteig« wird dieser Weg auch genannt, denn Victoria und Daniel wurden dort schon häufig gesehen. Zuvor hatte Daniel natürlich ganz offiziell beim König um die Hand seiner Tochter angehalten. Und nun war der Moment gekommen, wo er seiner Herzensprinzessin die Frage aller Fragen stellte: »Willst du meine Frau werden?« Die Antwort war – natürlich – »Ja!«

Daniel beschrieb auf der Pressekonferenz diesen Moment des vollkommenen Glücks so:

»Es war ein herrlicher und sonniger Tag. Das Eis knirschte, wie es in Drottningholm manchmal der Fall ist. Die Stimmung war phantastisch. Ich war ein wenig nervös und hoffte auf ein Ja. Aber ich war mir nicht ganz sicher.«

Und Victoria fügte lachend hinzu: »Und ich habe ja, ja, ja gesagt!« Dabei strahlte sie über das ganze Gesicht.

Daniel fasste zusammen: »Alles war sehr stimmungsvoll. Genau, wie man es sich wünscht.«

Carl Gustaf befand sich am Tag des Heiratsantrags auf einer Auslandsreise in Thailand. Die beiden mussten daher auf seine Rückkehr warten, denn der König musste nun mit der Regierung sprechen und die Erlaubnis zur Hochzeit einholen.

In den Tagen danach mussten sich daher alle so unauffällig wie möglich verhalten.

Victoria konnte ihren Verlobungsring nur zu Hause tragen und nicht bei offiziellen Anlässen. Denn nur solange die Sensationsnachricht nicht an die Öffentlichkeit drang, konnten sie ihre Liebe, die sie im Schlosspark von Drottningholm gekrönt hatten, unbeschwert genießen. Sobald ihre Verlobung offiziell werden würde, das wussten beide, würden sie kaum noch Ruhe finden, da sie dann mit Schweden und der ganzen Welt ihr Glück teilen mussten.

Das letzte Wort auf der Pressekonferenz hatte die Kronprinzessin. Was sie sagte, rührte nicht nur viele Schweden zu Tränen:

»Wir lieben beide Kinder über alles, und natürlich haben wir vor, eine Familie zu gründen. Aber das ist noch in weiter Zukunft. Jetzt denken wir erst einmal an die nächste Zeit und daran, dass ich nicht mehr allein bin, wenn ich meinen Pflichten nachgehe. Ich freue mich darauf, Daniel an meiner Seite zu haben. Er wird mich stützen, und ich werde meine Erlebnisse mit ihm teilen.«

Zum Abschluss der Pressekonferenz stellten sie sich noch einmal den Fotografen, die begeistert Bilder von dem sich verliebt anlächelnden und händchenhaltenden Paar schossen. Danach fuhren die beiden zu Victorias Großtante Lilian ins Sophiahem auf Östermalm, wo die alte Dame eine Hüftverletzung auskurierte. Prinzessin Lilian ist eine ganz besondere Bezugsperson für Victoria, und die entzückende Brosche, die die Kronprinzessin während der Pressekonferenz trug, war ein Geschenk von Lilian und ihrem verstorbenen Mann Bertil.

Am Abend der offiziellen Verlobung fand auf Schloss Drottningholm ein Familienessen statt, bei dem auch Daniels Eltern zugegen waren und herzlich aufgenommen wurden. Auch Prinzessin Madeleine und ihr Lebensgefährte Jonas Bergström waren dabei, Prinz Carl Philip hingegen musste noch Studienverpflichtungen an der Schwedischen Landwirtschafsuniversität in Alnarp nachgehen.

Kurz nach zehn Uhr abends wurde das Essen aufgehoben, es war ein langer Tag für alle Beteiligten gewesen.

Doch das freudige Ereignis sollte gleich mehrfach gefeiert werden: Am Freitag, den 27. Februar 2009, fand ein großes Abendessen in der Privatwohnung des Königspaares auf Drottningholm statt. Prinzessin Christina, eine Schwester des Königs, mit Mann Tord Magnuson und Kindern waren anwesend, der Großonkel der Kronprinzessin, Carl Johan Bernadotte mit Frau, des Weiteren Prinzessin Désirée (eine weitere Schwester des Königs) mit Mann Niclas Silfverschiöld sowie natürlich Carl Philip und Madeleine mit Jonas Bergström. Neben den Mitgliedern der königlichen Familie waren selbstverständlich auch wieder die Angehörigen von Daniel Westling eingeladen. Man hatte sehr auf eine ausgewogene Mischung der Gäste geachtet, damit sich die Westlings auch rundum wohl fühlen konnten.

Man saß an einer festlich gedeckten Tafel, genoss Hummersuppe, Steinbutt und ein brasilianisches Dessert. Kerzenschein beleuchtete warm den Raum, und viele liebevolle und stolze Reden wurden auf das glückliche Paar gehalten. Die Stimmung war gelöst und harmonisch. Alle freuten sich mit Victoria und Daniel und wünschten ihnen für die Zukunft alles Gute.

Am nächsten Tag feierten dann Victoria und Daniel mit ihren Freunden auf Drottningholm eine ausgelassene Party bis in die frühen Morgenstunden.

Da die Verlobung beziehungsweise Hochzeit einer

Thronfolgerin ein Staatsakt ist, wurde im April ein offizieller Verlobungsempfang im Stockholmer Schloss organisiert, an dem alle wichtigen Vertreter des Landes teilnahmen. Obwohl die Stimmung auch an diesem Abend locker und gelöst war und man Victoria und Daniel ihr Glück ansehen konnte, wirkte vor allem Daniel etwas steif und zurückhaltend.

Als das Paar aufgefordert wurde zu tanzen, lehnten beide lächelnd ab. Die Presse nahm das zum Anlass, Daniel als steif und langweilig zu bezeichnen. Zu diesem Zeitpunkt ahnte noch niemand, dass Daniel Westling schwer krank war und wegen einer chronischen Nierenkrankheit kurz vor der Transplantation einer neuen Niere stand.

Warum hatte man sich dafür entschieden, die Verlobung und den damit verbundenen Medienrummel so früh bekanntzugeben, obwohl es Daniel Westling zu diesem Zeitpunkt gesundheitlich schlechter ging?

Ein Grund war sicherlich, dass den Medien nicht verborgen blieb, dass Daniel sich Anfang 2009 immer seltener in der Öffentlichkeit zeigte. Da sie nichts von seiner Krankheit wussten, zogen die Journalisten falsche Schlüsse und bezeichneten Daniel Westling als faul, als viel zu schade für die Kronprinzessin. Es gab sogar Berichte von einem Aufstand der Höflinge gegen Daniel. Ein Palastangestellter wurde mit den Worten zitiert, Daniel Westling sei ungebildet, habe kein Benehmen – und sei außerdem bürgerlich.

Sogar vor Lügen schreckten die Daniel-Gegner nicht zurück: Öffentlich wurde darüber diskutiert, ob er mit der Kronprinzessin Kinder haben könne, und in einem Magazin wurde gar unterstellt, dass Victoria und Daniel »zusammen keine Kinder bekommen« könnten. Die Ursache sei unklar, aber in einer Monarchie bestehe die wichtigste Aufgabe der Ehe einer Kronprinzessin darin, so das Blatt, einen Thronfolger zu produzieren. Die Geschichte wurde von zahlreichen Magazinen in Skandinavien nachgedruckt und im Internet diskutiert.

Dass sich Daniel Westling in der Zwischenzeit als Held beweisen konnte und in der angesehenen Wirtschaftszeitung *Affärsvärlden* als Retter von Topmanager Lennart Ribohn gefeiert wurde, nützte ihm wenig. Ribohn hatte in Westlings Fitnessstudio einen Herzinfarkt erlitten und war von Daniel, der als Fitnesscoach in Erste Hilfe ausgebildet ist, gerettet worden. Ribohn verkündete gerührt: »Ich verdanke Daniel mein Leben.«

Königliche Berater glaubten, dass nur die Verkündung der Verlobung die Verleumdungen stoppen könnten. Sie rieten der Kronprinzessin zu handeln. Dann würde Daniel zur Königsfamilie gehören und Schutz genießen. Royals werden in Schweden nur in Ausnahmefällen kritisiert, aber nie diffamiert.

Man musste auf die Lügen reagieren. Auf keinen Fall wollte man, dass sich die Stimmung im Volk gegen Daniel wendete. Schließlich hatte ihn Victoria als ihren Gemahl auserkoren. Und von Gerüchten bleibt immer etwas hängen.

Eine ähnliche Situation hatte es schon einmal am spanischen Hof gegeben, dem die schwedischen Royals sehr verbunden sind. Als konservative Kreise erfuhren, dass sich Felipe in die bürgerliche TV-Journalistin Letizia Ortiz Rocasolano verliebt hatte, versuchten sie, diese vom Palast geheim gehaltene Beziehung zu torpedieren, weil sie wollten, dass der Kronprinz eine Dame aus dem Hochadel heiratet.

Sie schnüffelten in Letizias Vorleben herum und wurden fündig: Zum Beispiel war sie, wenn auch nur standesamtlich, verheiratet gewesen und hatte sich scheiden lassen. Als man damit an die Öffentlichkeit gehen wollte, um eine Schmutzkampagne gegen sie zu starten, holte Felipe zum Gegenschlag aus: Er verlobte sich mit Letizia, um sie unter den Schutz der Krone zu stellen. Wer dieses Privileg genießt, muss seine Gegner nicht mehr fürchten. Geheimdienstmitarbeiter schwärmten aus und kauften alles auf, was Letizia belasten könnte – intime Bilder, Partyfotos oder Liebesbriefe.

Ihr Ex-Mann und alle ihre Liebhaber sollen mit Schweigegeld oder sanftem Druck dazu bewegt worden sein, Erklärungen zu unterschreiben, dass sie niemals mit der Presse über ihre Beziehung zu Letizia reden würden. Zudem trauen sich auch nur wenige Journalisten, eine zukünftige Kronprinzessin zu attackieren. Kritik an der Freundin eines Thronfolgers zu üben, fällt hingegen leichter.

Ähnlich gingen auch die Königshäuser in Dänemark und Norwegen vor, als sich Frederik mit Mary Donaldson und Kronprinz Haakon mit Mette-Marit Tjessem Høiby verlobten. Bei Mette-Marit, die zugab, früher Drogen genommen zu haben, gelang es, die meisten Bilder ihrer wüsten Party-Vergangenheit für viel Geld vom

Markt zu kaufen. Bei Mary, die immer skandalfrei gelebt hatte, war diese Aufgabe wesentlich billiger und einfacher.

Ein weiterer Grund, der für eine frühzeitige Bekanntgabe der Verlobung sprach, war ein ganz praktischer: Man wollte Terminschwierigkeiten vermeiden. Denn was passieren kann, wenn die Einladungen zu spät verschickt werden, zeigte sich 2004 bei den Hochzeiten von Kronprinz Frederik von Dänemark und Kronprinz Felipe von Spanien.

Beide gaben ihre Verlobung erst im Oktober beziehungsweise November des Vorjahres bekannt, sprachen sich nicht beim Hochzeitstermin ab und heirateten an zwei aufeinanderfolgenden Wochenenden im Mai 2004. So konnten Frederik und Mary nicht zu Felipes und Letizias Hochzeit kommen, da sie in den Flitterwochen waren.

Und natürlich gab es einen weiteren Grund für die frühe Bekanntgabe der Verlobung – Victoria wollte der Welt endlich, endlich, endlich offen zeigen dürfen, wie sehr sie den Mann an ihrer Seite liebt. Das königliche Protokoll sieht zwar normalerweise eine recht kurze Verlobungsdauer vor, nur wenige Monate, doch in diesem Fall sah auch der sonst so konservative König Carl Gustaf ein, dass das von Victoria gewünschte Vorgehen die beste Lösung war.

Außerdem sollte Daniel ausreichend Zeit bekommen, sich auf seine zukünftige Rolle vorzubereiten.

Zudem hatte 2009 die Wirtschaftskrise auch Schweden erfasst. Angesichts höherer Belastungen und steigender

Arbeitslosigkeit hatte man sich dafür entschieden, ein so großes Ereignis wie eine königliche Hochzeit zu einem späteren Zeitpunkt abzuhalten, wenn sich die Wirtschaft gemäß den Prognosen hoffentlich wieder ein wenig erholt hatte.

Und nicht zuletzt ist die Hochzeit auch ein wichtiger Motor für die Tourismusindustrie. Im Juni 2010 würde Stockholm voll sein von schwedischen und internationalen Besuchern, die den großen Tag von Prinzessin Victoria hautnah miterleben wollen. Ein historisches Ereignis wie dieses zieht eben viele Menschen an.

Und dass die Verlobung von Victoria und Daniel ein historisches Ereignis ist, daran gab es keinen Zweifel. Denn noch nie zuvor hatte sich ein schwedischer Thronfolger mit einem bürgerlichen Partner verlobt – und seine Stellung in der Thronfolge behalten. Auch Carl Gustaf konnte Silvia Sommerlath nur heiraten und seine Ansprüche wahren, weil er zu diesem Zeitpunkt bereits König war.

Außerdem war in der tausendjährigen Geschichte Schwedens noch niemals ein bürgerlicher Mann ohne jegliche militärische Verdienste in die königliche Familie aufgenommen worden. Daniel hatte nur, wie jeder normale schwedische Mann auch, seinen Wehrdienst geleistet.

Bei der Hochzeit im Juni wurde Daniel Westling offiziell Prinz von Schweden. Es ist das erste Mal in der schwedischen Geschichte, dass ein Bürgerlicher diesen Titel tragen darf. Auch der Titel »Herzog« ist bislang keinem Bürgerlichen verliehen worden – da Victoria

»Herzogin von Västergötland« ist, darf Daniel sich seit der Hochzeit »Herzog von Västergötland« nennen.

Und, auch das ist in Schweden eine erstaunliche Besonderheit: Zum ersten Mal seit dem 12. Jahrhundert heiratete ein Thronerbe keinen Ausländer, sondern einen gebürtigen Schweden. Victoria selbst ist ja über ihre Mutter brasilianisch-deutscher Abstammung, über ihren Vater schwedisch-deutscher, wobei der Begründer der Bernadotte-Dynastie Karl XIV. Johan ursprünglich unter dem Namen Jean Baptiste Bernadotte aus Frankreich nach Schweden kam.

2

GEBURT UND THRONFOLGEREGELUNG

»Eine Prinzessin für Schweden«

Am 14. Juli 1977 um 21.45 Uhr war es endlich so weit: Carl Gustaf und Silvia waren Eltern der bezaubernden Victoria Ingrid Alice Désirée. Dies war der vorläufige Höhepunkt einer märchenhaften Liebesgeschichte, die bis dahin ganz Europa in ihren Bann gezogen hatte.

Das Märchen vom schwedischen König und der schönen Heidelbergerin Silvia Sommerlath hatte 1972 bei den Olympischen Spielen in München begonnen.
 Silvia Sommerlath, Tochter der Brasilianerin Alice Soares de Toledo und des deutschen Unternehmers Walther Sommerlath, wurde am 23. Dezember 1943 in Heidelberg als jüngstes von vier Geschwistern geboren. Ihre drei älteren Brüder sind Ralf, Walther junior und Jörg. Im Jahr 1946 zog die Familie nach Brasilien, wo Silvia eine glückliche und unbeschwerte Kindheit verbrachte. Ein großer Einschnitt war die Rückkehr nach Deutschland im Jahr 1957, die ersten Monate in dem fremden Land waren hart. Das ungewohnte Klima, eine vollkommen andere Mentalität, die Menschen so steif und abweisend, alles war viel geregelter als in Brasilien. Und die Schule erst! Immer perfekt musste alles sein, und auch wenn Silvia zweisprachig aufgewachsen war und in Sao Paulo eine deutsch-portugiesische Schule besucht hatte,

offenbarten sich schnell einige große Wissenslücken, die ihr das Schulleben nicht einfach machten. Doch nach und nach akklimatisierte sie sich, und nach ihrem Abitur 1963 zog sie voll freudiger Erwartung von Düsseldorf nach München, um dort eine Ausbildung als Dolmetscherin zu beginnen, die sie wenige Jahre später als eine der besten Dolmetscherinnen Bayerns in den Sprachen Deutsch und Englisch abschloss.

Dank ihrer großen Sprachbegabung war sie fließend in Deutsch, Portugiesisch, Englisch, Französisch und Spanisch. Sie trat eine Stelle im argentinischen Konsulat an, die ihr viel Spaß machte.

Gerade als sie überlegte, noch eine Ausbildung als Simultandolmetscherin anzuschließen, bekam sie 1970 ein Angebot vom Organisationskomitee der Olympischen Spiele, die 1972 in München stattfinden sollten. Sie nahm an und stieg schon kurz nach Beginn ihrer Arbeit zu einer der zehn Chefhostessen auf, was mehr Personalverantwortung mit sich brachte. Bald schon war sie durch ihren Eifer und ihre warmherzige Art unentbehrlich für die Organisation.

Im Mai 1972 wurde sie schließlich Chefassistentin von Willi Daume, dem Präsidenten des Deutschen Olympischen Komitees, und damit eine der wichtigsten Personen für die Olympischen Spiele.

Bei der Eröffnungsfeier war daher auch ein Platz für sie in der Ehrenloge neben Willi Daume reserviert, zusammen mit allen anderen Ehrengästen, vornehmlich gekrönten Häuptern aus Europa.

Auch der sechsundzwanzigjährige schwedische Kronprinz Carl Gustaf saß in der Loge, und als sich die um ein paar Minuten verspätete Silvia genau vor sein Fernglas setzte, ahnte noch keiner von beiden, dass dieser Moment ihr Leben verändern würde.

Es war Liebe auf den ersten Blick. Carl Gustaf beschrieb den Moment ihres Kennenlernens später so: »Ich war im Stadion und blickte durch mein Fernglas. Da sah ich Silvia, die als Hostess im VIP-Bereich arbeitete. In diesem Moment hat es Klick gemacht.«

Auch Silvia erinnert sich noch immer genau an diesen Moment: »Es war der 26. August 1972. Ich spürte plötzlich, wie mich ein Mann durch ein Fernglas anschaute. Nur stand dieser Mann nicht etwa weit weg, sondern nur ein paar Meter von mir entfernt. Und weil die Situation so komisch war, mussten wir beide lachen. Da hat es auch bei mir Klick gemacht. Ein Zufall kann das nicht gewesen sein.«

Aus diesem verzauberten Moment – und einem Blick in die schönsten braunen Augen, die Carl Gustaf je gesehen hatte – entstand eine wunderbare Liebe. Silvia lebt sie seitdem jeden Tag: »Dieses Klick kann man sich bewahren, indem man den anderen so gut kennt, dass man weiß, wie er fühlt. Es muss immer wieder Klick machen. Für mich ist Carl Gustaf derselbe Mann, den ich vor dreißig Jahren geheiratet habe. Er ist nur etwas älter geworden.«

Der König sagte einmal über das Geheimnis ihrer glücklichen Ehe: »Eine Beziehung ist harte Arbeit. Man muss miteinander sprechen, erzählen, was man erlebt hat – auch damit keine Eifersüchteleien oder Missverständnisse entstehen. Dann kann man sich gegenseitig stützen, um Rat bitten und einen Tipp seines Partners befolgen.«

Einige Tage nach der Eröffnungsfeier bat Carl Gustaf Silvia um eine Verabredung, die sie nur allzu gern annahm. In Gesellschaft einiger mitreisender Familienmitglieder des schwedischen Thronfolgers verbrachten sie ein entspanntes und schönes Mittagessen miteinander. Kurze Zeit später feierten sie einen Abend nahezu unerkannt in der Münchner Diskothek »Kinki«, und spätestens da war Carl Gustaf klar, dass er verliebt war. Nach Ende der Olympischen Spiele tauschten er und die drei Jahre ältere Silvia zwar Telefonnummern, doch für Silvia war die Sache eigentlich erledigt – er würde nach Schweden zurückkehren, sie ihre Arbeit in München fortsetzen. Doch schon einen Tag nach seiner Abreise klingelte ihr Telefon, und da war auch Silvia klar, dass Carl Gustaf zu wichtig für sie war. Doch wie würden sie ihre Liebe vertiefen können? Silvia reiste in den folgenden Jahren sehr oft inkognito nach Schweden, um sich von ihrem Carl Gustaf sein Heimatland zeigen zu lassen und mit ihm zusammen zu sein. Alles musste heimlich geschehen, da Carl Gustafs Onkel, König Gustav VI. Adolf, nichts von der Verbindung seines Neffen mit einer Bürgerlichen erfahren durfte. Und auch, als Carl Gustaf im Herbst 1973 den Thron bestieg, hielten sie sich weiterhin bedeckt, wollten sich sicher sein, dass sie ihr Leben miteinander verbringen konnten. Ganz wie Victoria und Daniel es in den ersten sieben Jahren ihrer Beziehung gemacht haben.

Schon bald wurde das junge Paar allerdings in Schweden auf Film gebannt, was die Gerüchteküche explodieren ließ. Selbst in Innsbruck, wo Silvia zu der Zeit für das Olympische Komitee arbeitete, ließ ihr die Presse keine Ruhe. Doch nichts drang über die Beziehung der beiden nach außen.

Bei ihrer Verlobung im März 1976, drei Monate vor der Trauung, hatten beide ihre Gefühle erstmals öffentlich gemacht. Auf die Frage, ob sie die Entscheidung schwierig fand, einen König zu heiraten, antwortete Silvia damals: »Nein, ich musste nicht einmal überlegen. Wenn man einen Menschen liebt, ist es egal, ob er Angestellter oder Präsident einer Firma ist – oder der König.«

Als sie dies sagte, flüsterte ihr Carl Gustaf verliebt zu: »Ich bin der König, der dich liebt!«

Die Trauung in der Nikolaikirche in Stockholm fand am 19. Juni 1976, einem Samstagmittag statt. Für Silvia begann an diesem Tag ein wunderschöner Traum, der bis heute anhält. Drei Jahrzehnte später, an ihrem 30. Hochzeitstag, sagte sie: »Dass die Hochzeit so lange her ist, kann ich mir nicht vorstellen. Ich habe immer noch das Gefühl, es sei vorgestern gewesen.« Eine schönere Liebeserklärung hätte sie ihrem Ehemann nicht machen können.

Carl Gustaf wartete damals vor der Kirche auf seine Braut. Hand in Hand schritt das Paar durch das Mittelschiff zum Altar. Der Dom war mit weißem Flieder und roten, stachellosen Rosen geschmückt, die für diesen Tag speziell gezüchtet worden waren. Die Rosenart trug den Namen Königin Silvia.

Das Hochzeitskleid war aus elfenbeinfarbenem Satin gefertigt und stammte von Dior. Der Pariser Modeschöpfer Marc Bohan hatte es für sie kreiert. Dazu trug sie ein Kameen-Diadem, das mit Perlen und mythologischen Figuren verziert war. Es gehörte Kaiserin Joséphine ebenso wie das Napoleonische Stahl-Diadem, das Victoria so gern nutzt und das vor langer Zeit von Frankreich nach Schweden gebracht wurde.

Silvias Schleier aus Brüsseler Spitze und ihre vier Meter lange Schleppe hatten schon Carl Gustafs Schwestern Prinzessin Brigitta und Prinzessin Désirée bei ihren Hochzeiten getragen. Der Brautstrauß bestand aus Jasmin, weiß-gelben Orchideen und Maiglöckchen. Carl Gustaf trug über seiner blauen Admiralsuniform das Band des Seraphinenordens. Als Hommage an Silvias Heimat hatte er sein Bundesverdienstkreuz angelegt.

Am Altar erwartete Erzbischof Olof Sundby zusammen mit Oberhofprediger Hans Åkerhielm und Silvias Onkel, dem Leipziger Theologen Ernst Sommerlath, das Brautpaar. In der ersten Reihe saßen der damalige Bundespräsident Walter Scheel mit seiner Frau Mildred, die Präsidenten von Finnland und Island sowie gekrönte Häupter aus ganz Europa. Daneben lächelten gerührt Silvias Eltern Alice und Walther Sommerlath.

Die Blumenkinder und Brautjungfern verteilten sich um den Altar herum. Ein Blumenjunge hatte allerdings eine dicke Backe, weil er bei der Generalprobe zur Hochzeit gestürzt war und sich zwei Zähne ausgeschlagen hatte. Trotz Schmerzen hielt er tapfer durch. Nur ein Blumenkind war nicht mit Silvia oder Carl Gustaf verwandt: Amelie Middelschulte, die Tochter einer Schulfreundin und Silvias Patenkind.

Als Amelie 1999 in Essen heiratete, flogen Silvia und Victoria mit einem schwedischen Regierungsjet ein. Die Königin sagte nach der Trauung überglücklich: »Ich habe mir oft die Bilder von meiner Hochzeit angesehen und mich immer gefreut, wenn ich Amelie auf den offiziellen Fotos neben mir sitzen sah. Ja, und heute hat sie selbst geheiratet.«

Nach Orgelspiel und Chorgesang folgte der ergreifende Augenblick, auf den alle sehnsüchtig gewartet hatten: Silvia sprach die Trauformel, die sie zur Königin erhob: »Ich, Silvia Renate Sommerlath, nehme dich, Carl Gustaf Folke Hubertus, zu meinem wahren Mann. Dich zu lieben in Not und Freude, und als Symbol empfange ich diesen Ring.«

Dann durfte sich das Brautpaar endlich küssen – übrigens der einzige Kuss, den sie jemals in der Öffentlichkeit getauscht haben.

Ihr Ehemann blieb unberingt, wie es in Schweden üblich ist. Silvia sagte später über diese einzigartige Zeremonie: »Ich war nicht nervös. Mein Mann war ja an meiner Seite.«

Der Erzbischof zitierte nach dem Jawort aus einem Brief des Apostels Paulus an die Galater: »Wir sollen einander durch Liebe dienen.« Diese Bibelstelle hatten sich die beiden als ihren Trauspruch gewünscht. Dann sangen die rund 1200 Gäste *Lobet den Herrn*. Hand in Hand schritten Silvia und Carl Gustaf dabei durch ein Spalier von Offizieren der Seekriegsschule, der auch der König angehört hat, nach draußen.

Carl Gustaf, ganz Gentleman, half seiner Silvia galant beim Einsteigen in eine offene Kutsche. Beim anschließenden Festzug durch die Stadt wurden sie von Leibgarde-Dragonern in hellblauen Uniformen mit Silberhelmen und weißen Helmbüschen eskortiert. Das Volk jubelte dem Paar zu, Böllerschüsse krachten, Kirchenglocken läuteten, und Salutschüsse zu Ehren des Brautpaares ertönten.

In der königlichen Prunkbarkasse *Vasaorden* wurden Carl Gustaf und Silvia von Kadetten der Marineakademie zum Schloss gerudert. Auf dem Palastbalkon hielt Carl Gustaf eine Ansprache, Silvia lächelte bezaubernd und winkte dem schwedischen Volk. Der König sagt rückblickend: »Es ist eine herrliche Erinnerung, dass ganz Schweden diesen Tag mit uns gefeiert hat. Ich spreche auch im Namen meiner Frau.«

Es folgte ein großes Hochzeitsbankett im Stockholmer Schloss. Die Tischrede auf das Brautpaar hielt Carl Gustafs Onkel Prinz Bertil von Schweden, der den beiden folgende Weisheit mit auf Weg gab: »Über das Notwendige hinaus braucht es nur wenig, damit sich Herzen und Türen öffnen.«

Einen Hochzeitsball gab es nicht, denn der Galaabend für Silvia und Carl Gustaf hatte bereits einen Tag zuvor in der Oper stattgefunden. Der Höhepunkt des Festes war der Auftritt der berühmten Popgruppe ABBA, die ein Lied für die frischgebackene Königin geschrieben hatte, das zu einem Welthit werden sollte: *Dancing Queen*.

An diesem großen Tag feierten 250000 Menschen in Stockholm das königliche Traumpaar. Sie schwenkten Fahnen, sangen Loblieder auf die Monarchie und redeten über die anmutige zukünftige Königin. Wie würde sie sich wohl im riesigen Palast zurechtfinden? Wie würde sie das Land in den nächsten Jahren wohl verändern? Die Schweden setzten große Hoffnungen in Silvia.

Im Hafen ankerte das Kreuzfahrtschiff *Maxim Gorki* mit tausend deutschen Hochzeitstouristen an Bord. Sie hatten Glück, dass sie ihre Unterkunft gleich mitgebracht hatten, denn die Hotels waren an diesem Wochenende ausgebucht, so dass viele Schaulustige in Schlafsäcken im Freien übernachten mussten. Millionen Schweden verfolgten gebannt die Live-Übertragung vor dem Fernseher, weltweit sollen fünfhundert Millionen Zuschauer Zeugen der Traumhochzeit gewesen sein.

An diesem Tag war aus Silvia Sommerlath Königin Silvia von Schweden geworden. Auch heute noch erzählt sie häufig, wie dankbar sie ihren neuen Landsleuten damals war, dass sie sie so warm und herzlich aufgenommen hatten. Tatsächlich war das nicht selbstverständlich gewesen, und Silvia und Carl Gustaf hatten lange um ihre Liebe kämpfen müssen – ähnlich wie Victoria und Daniel.

Als die beiden sich 1972 bei den Olympischen Spielen in München kennengelernt hatten, war Carl Gustaf noch Kronprinz gewesen. Er wäre also, hätten die beiden vor seiner Inthronisation geheiratet, niemals König geworden. Genau wie Victoria und Daniel hatten sie ihre Beziehung daher lange Zeit geheim halten müssen. Als Carl Gustaf am 15. September 1973 vereidigt wurde, saß die Frau, die ihn liebte, über tausend Kilometer entfernt in einem Appartement in Innsbruck und sah sich die Feierlichkeiten im Fernsehen an.

Am Ende aber hatte sich das Warten gelohnt, und ihre Liebe überwand alle Hindernisse. Allen Bedenken zum Trotz liebten die Schweden ihre neue Monarchin – obwohl sie eine Bürgerliche, eine Deutsche und ein paar Jahre älter als Carl Gustaf war.

Seit der Märchenhochzeit von Carl Gustaf und Silvia hat es nur wenige Ereignisse gegeben, die die Schweden so tief bewegt haben. Die Geburt von Victoria, dem ersten Kind des jungen Königspaares, gehörte, wie man sich vorstellen kann, dazu. Schon die Nachricht von Silvias Schwangerschaft hatte wahre Freudentaumel im Land ausgelöst, und ganz Schweden fieberte auf den großen Tag hin. Ach was, ganz Schweden – ganz Europa!

Am 14. Juli 1977, es war ein Donnerstag, wurde dann die Nachricht verkündet, die das ganze Land jubeln ließ. Königin Silvia hatte um 21.45 Uhr im Karolinska-Krankenhaus in Stockholm nach einer unkomplizierten Geburt ihr erstes Kind zur Welt gebracht – ein Mädchen, 50 Zentimeter groß, 3250 Gramm schwer, Sternzeichen Krebs. Die Hebamme, die Victoria auf die Welt holte, hieß Maj-Lis Westling. Schon damals also war jemand mit Namen Westling von entscheidender Bedeutung für den weiteren Lebensweg der Prinzessin …

Es war das erste Mal, dass eine schwedische Königin ihr Kind im Krankenhaus zur Welt brachte. Silvia war bei der Geburt bereits dreiunddreißig Jahre alt und wollte kein Risiko eingehen. Carl Gustaf war jedoch weitaus nervöser als seine Frau während der langen Tage und Stunden des Wartens im Königlichen Schloss, bis die Wehen einsetzten. Außerdem wurde das Schloss von der Presse belagert, die unbedingt ein Foto der hochschwangeren Königin ergattern wollte, wie sie den Palast verließ und ins Krankenhaus gefahren wurde. Lange wurde hin und her überlegt, wie man den allzu neugierigen Journalisten ein Schnippchen schlagen könnte. Die Lösung war schließlich so simpel wie wirkungsvoll: Die Königin setzte eine blonde Perücke auf und konnte so unerkannt in die Klinik fahren, in Begleitung ihrer Mutter Alice.

Der König selbst war bei der Geburt seines ersten Kindes nicht dabei, sondern wartete auf dem Schloss auf die guten Nachrichten. Deshalb nahm er jedoch nicht weniger Anteil an der Niederkunft. Als das Krankenhaus ihn informierte, dass alles gut gegangen sei, weinte er vor Glück. Victorias Geburt wurde mit einundzwanzig Salutschüssen gefeiert – Carl Gustaf hatte seinerzeit vierundachtzig bekommen, weil er Thronerbe und männlich war.

Victorias Geburt war nicht nur wegen des konventionellen Geburtsortes im Krankenhaus historisch, sondern weil seit hundertsechzig Jahren zum ersten Mal wieder ein regierendes schwedisches Königspaar ein Kind bekommen hatte.

Der König galt als liebevoller, aber auch sehr konservativer Vater. Niemals hätte er zum Beispiel eine Windel gewechselt oder seiner Tochter das Fläschchen gegeben. Dies sei für ihn Frauenarbeit gewesen – etwas für seine Ehefrau oder das Kindermädchen. In der Öffentlichkeit schmückte sich Carl Gustaf aber gern mit seiner süßen Tochter. Auf einem offiziellen Foto nach der Taufe hält der König Victoria liebevoll und voller Stolz im Arm. Silvia steht etwas verloren daneben und lächelt tapfer.

Eine Woche nach der Geburt fuhr die königliche Familie nach Solliden auf der Insel Öland im Südosten Schwedens, um sich in Ruhe von den aufregenden Tagen und Wochen, die hinter ihnen lagen, zu erholen. Doch natürlich entging der Presse nicht, dass das Königspaar mit seiner kleinen Tochter Stockholm verlassen hatte, und so warteten auch in Solliden Journalisten sehnsüchtig darauf, ein Bild von der kleinen Victoria zu ergattern.

Schließlich sah das Königspaar ein, dass es der Presse irgendetwas geben musste: Und so wurde das offizielle erste Foto von Victoria vom renommierten Fotografen Claes Lewenhaupt auf Solliden aufgenommen und kostenlos an die Redaktionen der schwedischen Zeitungen und Zeitschriften verteilt. Endlich hatte die Presse nun ein Bild von der kleinen Hoffnungsträgerin der schwedischen Krone, auch wenn man beleidigt konstatierte, dass die Königin sich doch gut und gern hätte zeigen können. Doch Silvia und Carl Gustaf ließen sich nicht erweichen und genossen ihre Privatsphäre mit dem kleinen Sonnenschein Victoria.

Am 27. September 1977 wurde das Königskind von Erzbischof Olaf Sundby in der Schlosskirche auf die Namen Victoria Ingrid Alice Désirée Prinzessin von Schweden und Herzogin von Västergötland getauft, ein Ereignis, zu dem über siebenhundert Gäste geladen waren.

Das Taufkleid, das Victoria trug, bestand aus Spitze, und schon der König und alle seine Geschwister waren darin getauft worden. Die Namen aller Täuflinge sind in die untere Kante des Seidenumhangs, der zum Kleid gehört, eingestickt. Das Taufwasser stammte aus einer Quelle in Solliden. Die kleine Prinzessin verschlief die Taufe und den anschließenden Empfang friedlich und gelassen in einer majestätischen vergoldeten Wiege aus dem Kronschatz. Für das offizielle Foto hatte man sie dann in eine etwas modernere Wiege gelegt und in rosa Seide gekleidet.

Alle ihre Namen und Titel haben eine Bedeutung. Victoria erinnert an Viktoria von Baden (1862–1930), die später Königin von Schweden wurde. Ingrid war der Name von Victorias Großtante, der späteren Königin von Dänemark, die im Jahr 2000 starb. Alice wurde sie nach Silvias Mutter, Alice de Toledo Sommerlath genannt, und Désirée ist eine der Schwestern Carl Gustafs. Außerdem hieß so die erste Königin der Bernadotte-Dynastie.

Victorias Paten sind ihre Tante Désirée, Königin Beatrix der Niederlande, die bei der Taufe allerdings nicht anwesend war, König Harald von Norwegen und Ralf Sommerlath, der älteste Bruder von Silvia.

Mit ihrer Geburt wurde Victoria zur Herzogin von Västergötland, einer schwedischen Provinz, erhoben. Die bekannteste Stadt in ihrem Herzogtum ist Göteborg, die zweitgrößte Stadt Schwedens.

Neben der Königin ist Victoria die wichtigste Frau im schwedischen Staat. Doch schwedisch ist die Kronprinzessin nur durch dünnes Blut. Ihre Mutter Königin Silvia stammt bekanntlich aus Deutschland, ihr Großvater Walther Sommerlath (1901–1990) mütterlicherseits stammte aus Heidelberg und war mit der Brasilianerin Alice Soares de Toledo (1906–1997) verheiratet. Die Mutter ihres Vaters, Prinzessin Sibylla, wurde auf Schloss Friedenstein im thüringischen Gotha geboren.

Die Wurzeln der schwedischen Königsfamilie liegen in Frankreich. Karl XIV. Johan kam als Jean Baptiste Bernadotte im südfranzösischen Pau zur Welt und war Sohn eines Rechtsbeistands. Er begann eine Ausbildung als Jurist und wurde nach dem Tod seines Vaters Soldat. Dank seiner Erfolge in den Französischen Revolutionskriegen machte er eine steile Karriere und wurde zum Marschall und Fürsten von Ponte Corvo ernannt.

Er heiratete Désirée Clary (1777–1860), die ehemalige Verlobte des späteren französischen Kaisers Napoleon Bonaparte (1769–1821). Als man 1809 in Schweden aus Mangel an Thronerben einen neuen König suchte, bewarb sich Jean Baptiste Bernadotte um dieses Amt. Da die Schweden lange keine Schlacht mehr gewonnen hatten und deshalb einen erfolgreichen Feldherrn an der Spitze ihres Landes haben wollten, entschieden sie sich für den kriegserprobten Franzosen. Ein Jahr später wurde er zum Kronprinz ernannt. Nach dem Tod des entthronten Schwedenkönigs 1818 folgte ihm Jean Baptiste Bernadotte als König Karl XIV. Johan nach.

Den Nachnamen Bernadotte benutzt Victoria übrigens heute, wenn sie privat sein will. So studierte sie zum Beispiel als Victoria Bernadotte oder nimmt unter diesem Namen an Langlaufrennen teil.

Als Anfang 1977 bekannt wurde, dass Silvia ein Kind erwartete, herrschte bereits seit einigen Jahren in Schweden eine erbitterte Diskussion über den Fortbestand der Monarchie und die dazugehörige Thronfolgeregelung.

Es gab viele widerstreitende Meinungen und Interessen zu dieser Zeit. Die linken Parteien beispielsweise forderten eine Abschaffung der Monarchie – eine Position, die quer durch die politische Landschaft verbreitet war. Immer wieder wurden Stimmen laut, die die Einführung der Republik befürworteten beziehungsweise die Monarchie mangels männlichem Thronfolger aussterben lassen wollten. Doch im Volk genoss das Königshaus nach wie vor hohes Ansehen.

Parallel zu dieser Debatte machte Schweden in den Siebzigerjahren, wie viele andere Länder auch, eine grundlegende gesellschaftliche Entwicklung durch. Die Frauenbewegung war auf dem Vormarsch und forderte Gleichberechtigung – und bereits damals waren die skandinavischen Länder in dieser Hinsicht Vorreiter.

So überraschte es nicht, dass schon kurz, nachdem bekannt geworden war, dass das Königspaar ein Mädchen bekommen hatte, eine Diskussion über eine Änderung der Thronfolgeregelung in Gang kam. Formal hatte Carl Gustaf bis zur Änderung des Gesetzes keinen Nachfolger. Falls er ohne männlichen Nachwuchs gestorben wäre, hätte der kinderlose Prinz Bertil den Thron geerbt. Seit Jean Baptiste Bernadotte im Jahr 1810 nach Schweden gekommen war, war die Thronfolge nicht mehr so unsicher gewesen.

Laut dem Thronfolgegesetz, das zum Zeitpunkt von Victorias Geburt galt, wäre die kleine Prinzessin in der Thronfolge auf Platz zwei gerutscht, wenn das Königspaar noch einen Sohn bekäme. Ein Gesetz, das ihr Vater sehr befürwortete. Carl Gustaf verkündete immer wieder öffentlich und mit großer Leidenschaft, dass das Amt des Thronfolgers für ein Mädchen ungeeignet sei – diese Ansicht verfestigte sich natürlich noch, als 1979 sein Sohn Carl Philip geboren wurde.

Eine Frau, so sagte der König immer wieder, werde durch ihre Familie zu sehr beansprucht, um ein Staatsoberhaupt zu sein. Er argumentierte damit, dass die Mehrheit des Volkes einen männlichen Repräsentanten an der Spitze wünsche.

Eine Aussage, die in Schweden für Unruhe sorgte. Dem König ist es seit 1975, als per Grundgesetzänderung die konstitutionelle Monarchie eingeführt wurde, verboten, sich in die Regierungsgeschäfte einzumischen.

Gegen den Willen von Carl Gustaf beschloss das Parlament ein halbes Jahr nach Carl Philips Geburt am 13. Mai 1979, das Thronfolgegesetz zu ändern. Carl Philip, Herzog von Värmland, war offiziell noch als Kronprinz zur Welt gekommen – übrigens einige Wochen zu früh und im Gegensatz zu seiner großen Schwester nicht im Krankenhaus, sondern im Stockholmer Schloss. König Carl Gustaf war zu der Zeit bei dem Cousin seines Vaters, Graf Lennart Bernadotte, auf der Insel Mainau im Bodensee zu Gast und musste überstürzt die lange Heimreise mit dem Flugzeug von Zürich über Kopenhagen nach Schweden antreten.

Victoria und Carl Philip waren vom ersten Moment an ein Herz und eine Seele. Bis heute ist er für sie das liebste ihrer Geschwister, obwohl sie sich auch mit Madeleine hervorragend versteht.

Schon früh zeigte sich Victorias rührende Art, mit der sie sich um ihre Geschwister kümmerte. Als der kleine Prinz bei seiner Taufe – die noch mit sämtlichen Insignien eines Kronprinzen ausgestattet war – auf einmal anfing zu weinen, war es die zweijährige Victoria, der als Einzige aufgefallen war, dass der kleine Bruder sein Kissen verloren hatte und ihn die Orden an der Brust seines Vaters, der ihn auf dem Arm hielt, am Kopf kratzten. Andächtig hob sie es auf und streichelte dem Baby tröstend über die Wange.

Die Beziehung zwischen Victoria und Carl Philip ist bis heute sehr eng – vielleicht auch, weil sie nach eigenen Angaben niemals miteinander über den folgenschweren Entschluss des Parlaments gesprochen haben, die Thronfolgeregelung zu Victorias Gunsten zu ändern. Ein Beschluss, der weitreichende Folgen für das Leben der beiden Geschwister hatte.

Als erstes Land der Welt änderte Schweden die Thronfolge von agnatisch (eine rein männliche Erbfolge) hin zu kognatisch (der oder die Erstgeborene erbt den Thron). In der Zwischenzeit haben auch Belgien, Norwegen und die Niederlande eine kognatische Thronfolgeregelung.

Die Änderung im schwedischen Thronfolgegesetz trat am 1. Januar 1980 in Kraft, nachdem der schwedische Reichstag das langwierige und komplizierte Abstimmungsverfahren zu einer Grundgesetzänderung am 7. November 1979 abgeschlossen hatte. Victoria wurde somit die erste weibliche Thronfolgerin in Schweden seit Königin Kristina (1626–1689). Vor ihr hatte es in der schwedischen Geschichte überhaupt nur drei weibliche Regenten gegeben. Neben Königin Kristina waren das Unionskönigin Margareta im 14. Jahrhundert und Ulrika Eleonora (1719–1720). Für alle drei war jeweils eine Ausnahmeregelung geschaffen worden, von einer weiblichen Erbfolge konnte also keine Rede sein.

Offiziell akzeptierte Carl Gustaf die Gesetzesänderung natürlich – doch privat war er immer noch strikt gegen diese Entscheidung. Sie widersprach seinem ganzen Weltbild und seinen Vorstellungen von den Voraussetzungen, die ein König seiner Meinung nach mitbringen sollte. Eine Einstellung, die Victoria natürlich bewusst ist und die möglicherweise auch dazu beiträgt, dass sie heute solch hohe Ansprüche an sich stellt, wenn es um die Erfüllung ihrer Pflichten als Kronprinzessin geht.

Die als sehr umsichtig und klug geltende Königin Silvia hielt sich mit Kommentaren zur Thronfolgeregelung zurück. Sie sagte nur einmal in einem Interview, dass ihr Mann es lieber sehen würde, wenn das Gesetz erst bei seinen Enkeln angewendet werden würde und sein Sohn Carl Philip ihn noch beerben könnte.

Palastinsider berichteten aber damals, dass sie nicht besonders glücklich über die öffentlichen Äußerungen ihres Ehemannes war. Der wiederholte seine Thesen über die weibliche Erbfolge in Königshäusern in den letzten Jahren immer wieder, obwohl er wissen musste, dass sich an dieser Regelung in Schweden nie wieder etwas ändern wird. Vielleicht vertraute Silvia einfach auf die Vernunft des Parlaments und mischte sich deshalb nicht ein. Zuzutrauen wäre es der weisen Monarchin.

In einem anderen Punkt, der ebenfalls vom Reichstag beschlossen wurde, waren sich Carl Gustaf und Silvia hingegen einig: Die Erbfolge wurde auf Nachfahren des derzeitigen Königs beschränkt. Somit stehen in Schweden nur drei Mitglieder der Königsfamilie auf der Thronfolgerliste: Kronprinzessin Victoria und ihre beiden Geschwister Prinz Carl Philip und Prinzessin Madeleine sowie deren Nachkommen. Victoria würde übrigens von der Erbfolge ausgeschlossen werden, wenn sie aus der Evangelisch-Lutherischen Kirche, der alle schwedischen Royals angehören, austreten würde.

Bis zum heutigen Tag gibt es allerdings immer noch einige Stimmen, die am liebsten verhindern würden, dass Victoria jemals den Thron besteigt – nicht weil sie mit der Kronprinzessin nicht einverstanden sind, sondern weil sie die Monarchie ganz abschaffen wollen. So taten sich im Jahr 2005 zwei Dutzend Politiker, Autoren, Wissenschaftler und Künstler zusammen und veröffentlichten ihre Forderungen in der Tageszeitung *Dagens Nyheter*.

Sie schrieben, dass es mit einer Demokratie nicht vereinbar sei, dass der Posten des Staatschefs vererbt werde. Staatschefs müssten nach Fähigkeiten gewählt werden. Sterbe der König, müsse die Monarchie sterben.

Doch wie schon vor dreißig Jahren haben die Monarchiegegner auch heute im Volk kaum Rückhalt: Nur sechzehn Prozent der Schweden wollen ihre Monarchie abschaffen. Im Parlament sind derzeit laut einer Umfrage zweihundertdreiundsiebzig der dreihundertneunundvierzig Abgeordneten ebenfalls dagegen. Nur die Parlamentarier können laut Verfassung die Monarchie abschaffen.

Trotz der Anfeindungen ist Kronprinzessin Victoria fest entschlossen, ihre royalen Pflichten zu erfüllen. Sie würde niemals auf den Thron verzichten. »Ich wurde geboren, um Schweden zu helfen. Ich würde nicht auf das Amt verzichten«, sagt sie.

3

GLÜCKLICHE KINDHEIT, SCHWIERIGE JUGEND

»Jedem stellt das Leben eine Aufgabe«

Die ersten Jahre ihrer Kindheit verbrachte Victoria im königlichen Schloss in Stockholm. Um das kastenförmige Barockgebäude mit den langen Gängen, den finsteren Winkeln und knarrenden Treppen rankte sich so manche Sage von umhergeisternden Schlossgespenstern. Angeblich gab es dort eine weiße Dame, die immer dann auftauchte, wenn jemand starb, sowie einen grauen Mann, der ein Geist aus dem 1679 abgebrannten Schloss *Tre Kronor* gewesen sein soll.

Auch wenn es vor Antiquitäten, prunkvollen Gemälden und geheimnisvollen Gegenständen nur so wimmelte – der ideale Ort für Kinder war das Schloss nicht. Spielplätze gab es keine, und der einzige Garten, ein streng angelegter Barockpark, grenzt an eine viel befahrene Brücke. Immerhin bot ein einziger Sandkasten der kleinen Kronprinzessin und später ihren beiden Geschwistern ein wenig Abwechslung.

Der König und seine Frau waren häufig unterwegs, und so waren die ersten Jahre für Victoria sehr einsam. Natürlich verstand das kleine Mädchen noch nicht, warum seine Eltern an bis zu fünf Abenden in der Woche essen gehen mussten. Man konnte doch nicht ständig abendessen!

Die meiste Zeit wurde sie von diversen Kindermädchen betreut, darunter vor allem Ingrid »Nenne« Björnberg, der guten Seele der Königsfamilie, die sich bereits um König Carl Gustaf und seine Schwestern gekümmert hatte und die, auch als der König längst erwachsen war, seine wichtigste Vertraute war, bevor er Silvia kennenlernte.

Als Victoria auf die Welt kam, war Nenne bereits vierundsechzig Jahre alt, und so wurde sie für die Kronprinzessin zur liebevollen Ersatzgroßmutter. Dennoch achtete sie wie schon bei Carl Gustaf und seinen Geschwistern auf eine strenge Erziehung des königlichen Nachwuchses: Nenne war ein Spitzname und leitete sich davon ab, dass sie so häufig »Nä, nä« – also »Nein, nein« – sagte.

Nenne war erst fünfundzwanzig, als sie 1938 in den Dienst der königlichen Familie eintrat. Sie wurde achtzig Jahre alt und wohnte fast bis zum Ende ihres Lebens im Stockholmer Schloss.

Doch auch wenn das düstere Schloss mit seinen sechshundertfünfzig Räumen – die laut Carl Gustaf alle ihren Zweck und ihre Berechtigung haben, auch heute noch, da viele Büros und Wohnungen darin untergebracht sind – nicht besonders kinderfreundlich war, so eroberten Victoria und ihre Geschwister es doch für sich. Versteckspielen in den großen Sälen, Fangen auf den ellenlangen Gängen, König und Königin hintendrein – auch das war in dem altehrwürdigen Gemäuer möglich.

Königin Silvia versuchte von Anfang an, ihren Kindern eine so normale Kindheit wie möglich zu bieten. Häufig gab das Königspaar den Bediensteten frei, damit die Familie ganz ungestört sein konnte. Abends sang Silvia ihre Kinder dann häufig mit dem Lied *Hänschen klein* in den Schlaf. Die Verse erinnerten sie an ihre deutsche Heimat und an ihre eigene Kindheit. Vorgelesen wurden natürlich die weltberühmten Geschichten von Astrid Lindgren und Elsa Beskow.

Victorias Lieblingsgeschichten handelten vom Affen Micki, einem Kapuzineräffchen, mit dem Silvia als Kind auf der heimischen Farm in Brasilien gespielt hatte und das in den Geschichten immer Unfug anstellte. Besonders gern büxte das Äffchen aus und terrorisierte die Nachbarn, riss frischgewaschene Wäsche von der Leine und trieb allerlei Schabernack. Er war so geschickt, dass ihn nicht mal sieben Schlösser an seinem Käfig am Ausreißen hindern konnten – kurz entschlossen montierte er das Dach seiner Behausung ab. Heute erzählt Victoria die Geschichten vom Affen Micki Hedvig und Vera, den beiden Töchtern von Daniels Schwester Anna.

Zwei Jahre lang konnte Victoria die volle Aufmerksamkeit des Königspaares für sich allein genießen. Dann wurde ihr Bruder Carl Philip Edmund Bertil geboren. Als erstgeborener Sohn war er der Liebling des Vaters. Carl Gustaf setzte viele Hoffnungen in ihn und sah ihn als seinen Nachfolger, der einmal sein Vermächtnis weiterführen sollte. Victoria trat zumindest bei ihrem Vater etwas in den Hintergrund. Die Stimmung in der Familie soll durch den Thronfolgestreit, den Carl Gustaf mit dem Parlament führte, getrübt gewesen sein. Der König, so wurde berichtet, habe sich betrogen gefühlt, weil sein Sohn um die Krone gebracht worden sei.

Anfang 1981 beschloss die Familie, ins Schloss Drottningholm umzuziehen, das in einem Vorort von Stockholm liegt, elf Kilometer außerhalb der Stadt. Das Schloss in der Hauptstadt bot nicht genug Auslauf und Spielgelegenheiten für den königlichen Nachwuchs, außerdem wünschten sich Silvia und Carl Gustaf für ihre Kinder mehr Nähe zur Natur. Und die gab es in dem idyllisch in einem riesigen Schlosspark gelegenen Drottningholm zur Genüge.

Eine Kindheitserinnerung, die Victoria immer wieder gern erzählt, handelt davon, wie sie mit ihren Eltern einen Bootsausflug machte.

Zu dieser Zeit, so sagte sie, habe sie noch sehr an ihrem Schnuller gehangen, und ihre Eltern hätten verzweifelt versucht, ihn ihr abzugewöhnen. Doch ohne Erfolg, Victoria bestand auf einem Schnuller im Mund und mindestens einem in jeder Hand. Schließlich sei es Silvia und Carl Gustaf gelungen, sie zu überreden, ihre Schnuller den Fischen zu geben, weil die ja keine hätten. Zuerst sei Victoria ganz begeistert gewesen, dass sie den armen Fischen helfen konnte, habe ihre Großzügigkeit aber schon am selben Abend zutiefst bereut. Untröstlich und wütend auf ihre Eltern, habe sie anschließend darauf bestanden, die Nacht bei Nenne Björnberg zu verbringen, und so sei dem König nichts anderes übrig geblieben, als sein schreiendes Kind durchs ganze Schloss zum Kindermädchen zu tragen.

Auch Victorias kleine Schwester Madeleine konnte nur mit größten Mühen vom Schnuller entwöhnt werden. Diesmal war es Victoria selbst, die mit dem Kindermädchen gemeinsame Sache machte. Bei einer Fahrt im königlichen Zugwaggon, dem *Blå vagnen*, der an normale schwedische Linienzüge angehängt wurde, vergaß Madeleine ihren Schnuller an einem Haken, und Victoria und das Kindermädchen wiesen die Kleine bewusst nicht darauf hin. Auch dieser Abend endete mit einer untröstlichen Prinzessin, die sich die Augen aus dem Kopf weinte.

Für Victoria war die neue Umgebung ein echter Glücksfall, denn schon als kleines Mädchen liebte sie die Natur, und daran hat sich bis heute nichts geändert.

Die meiste Zeit verbrachte die kleine Prinzessin bei den Schlossangestellten, denen sie nicht selten ein Loch in den Bauch fragte. Da es außer ihr und ihrem kleinen Bruder keine Kinder im Schloss gab, gewöhnte sie sich früh daran, von Erwachsenen umgeben zu sein. Das kleine, etwas altkluge Mädchen liebte es, Zeit mit den Angestellten zu verbringen, den Gärtnern zu helfen oder beim Kochen in die Töpfe zu spähen.

Da lag es nicht fern, dass ihre Wunschberufe zu dieser Zeit Koch, Gärtner oder »irgendwas mit Tieren« waren.

Ein Jahr später, am 10. Juni 1982, erblickte Madeleine Thérèse Amelie Josephine, Herzogin von Hälsingland und Gästrikland, auf Drottningholm das Licht der Welt; diesmal hatte sich die Königin für eine geplante Hausgeburt entschieden, und Carl Gustaf war die ganze Zeit an der Seite seiner Frau – einer der schönsten und ergreifendsten Augenblicke seines Lebens, wie er später sagte.

Endlich war die königliche Familie mit Victoria, Carl Philip und Madeleine komplett.

Victoria, so berichtete Madeleine einmal, nahm ihre Rolle als große Schwester sehr ernst: »Als wir sehr klein und Mama und Papa oft weg waren, hat sich Victoria immer um uns gekümmert. Es war unglaublich, wie viele Spiele sie erfand, um uns bei Laune zu halten. Sie war und ist heute noch eine ganz tolle große Schwester. Vielleicht war sie manchmal zu streng. Aber so ist das eben mit großen Schwestern. Sie wollen immer ein Vorbild sein.

Ich mag besonders an Victoria, dass sie so wahnsinnig tierlieb ist. Wenn sie einen Hund sieht, legt sie sich neben ihn auf den Boden und kuschelt mit ihm. Das finde ich einfach wunderbar.«

Ihre schönsten Kindheitserinnerungen habe sie auf Schloss Solliden gesammelt, schwärmt Victoria immer wieder. Das Anwesen hat für die Kronprinzessin eine besondere Bedeutung, und es ist für sie und ihre Familie ein besonders wichtiger Ort. Victorias Namenspatronin, Königin Viktoria, ließ es von 1903 bis 1906 erbauen. Als Vorbild diente die Villa San Michele auf der italienischen Insel Capri.

Auf Solliden verbringt die Königsfamilie bis heute traditionell ihren Sommerurlaub. Ein traumhafter Ort und ideal für Kinder. Es ist wie Ferien auf dem Bauernhof – nur dass man in einem Schloss schläft.

Als Kind spielte Victoria mit ihren Geschwistern in dem riesigen Park und streichelte die königlichen Pferde.

Die ganze Königsfamilie ist äußerst tierlieb und besaß immer eine Menge Haustiere. Begründet wurde der familieneigene Zoo mit Labrador Charly, den Königin Silvia ihrem Carl Gustaf schenkte, als die beiden noch ein heimliches Paar waren. Er wurde zum Zeichen ihrer großen Liebe und war selbstverständlich mit auf dem offiziellen Verlobungsfoto des Paares. Seither hatte die Familie immer Hunde – meistens Labradore –, Katzen, Vögel und was sich sonst noch so an Tieren fand. Alle Kinder spielten für ihr Leben gern mit der Menagerie, und Victoria war überglücklich, als sie mit sechs Jahren ihren ersten eigenen Hund bekam, einen Cavalier King Charles Spaniel, den sie auf den Namen Sissi taufte. Später erweiterte sie ihren persönlichen Zoo sogar um eine Schnecke namens Johanna, die sie immer und überall bei sich trug. Sehr zum Leidwesen der anderen Familienmitglieder erreichte Johanna ein beachtliches Schneckenalter.

Auch Pferde liebte sie über alles, doch wurde sie – im Gegensatz zu ihrer Schwester Madeleine – nie eine begeisterte Reiterin. Ihre Leidenschaft war das Lenken von Pferdegespannen, worin sie beachtliches Talent zeigte. Sie liebt es bis heute, ein Pferdegespann in halsbrecherischem Tempo durch den Schlosswald zu treiben.

Carl Gustaf ist selber ein absoluter Naturbursche, liebt die Elchjagd, die Landwirtschaft, Fischen, Wandern, Gärtnern – und diese Liebe hat er an seine Kinder weitergegeben. Einmal sagte er gegenüber einem schwedischen Journalisten, dass er, wäre er nicht König, sicher Landwirt geworden wäre. Auch Silvia ist am glücklichsten in der Natur, und das Königspaar unternahm regelmäßige Ausflüge mit den Kindern auf Öland. Dort wurde gebuddelt, geangelt und Fischernetze ausgeworfen. Anschließend wurde der Fang geräuchert – vor allem Silvia gilt als eine geschickte Köchin, die es versteht, aus allem und nichts ein köstliches Essen zu zaubern. Ihr war es vor allem wichtig, dass ihren Kinder bewusst war, woher ihr Essen kam, wie man Karotten anbaute, Kartoffeln, wie die einzelnen Nahrungsmittel heranwuchsen, aussahen, rochen, schmeckten, sich anfühlten. Für diese unkomplizierten, glücklichen und »ganz normalen« Momente ihrer Kindheit ist Victoria ihren Eltern bis heute unendlich dankbar.

Ein weiterer zentraler Ferienort für die Familie war und ist ihr Chalet in Storlien in der Provinz Jämtland, an der Grenze zu Norwegen, wo man unbeschwerte Tage im Schnee verbrachte. Meistens reiste die Familie mit dem königlichen Zugwaggon *Blå vagnen*.

In Storlien verlebte die Familie ebenso glückliche Zeiten wie auf Öland und widmete sich mit Hingabe einer weiteren großen Leidenschaft, dem Skifahren. Auch hier konnte man eine ganz normale Familie in den Winterferien sein.

Im Alter von fünf Jahren standen für die Kronprinzessin große Veränderungen an: Sie kam in den Kindergarten der Gemeinde Västerled. Ihre Eltern hatten sich bewusst für eine öffentliche Einrichtung entschieden. Ihre Tochter sollte nicht von Privatlehrern oder in elitären Internaten unterrichtet werden, sondern die Chance haben, normal und (fast) wie alle anderen Kinder aufzuwachsen.

Und so schickten Silvia und Carl Gustaf Victoria zwei Jahre später auch auf eine staatliche Grundschule, die Smättledsskola im nahe gelegenen Bromma.

Die Königin sagte einmal dazu: »Wir haben immer versucht, dem schwedischen Volk nah zu sein, und wir wollten, dass unsere Kinder auch in diesem Gefühl aufwachsen. Wenn man jetzt unsere Kinder anschaut, kann man sehen, wie natürlich sie mit allen Menschen umgehen. Sie zeigen Respekt und gehen offen auf andere zu.«

Auch Carl Gustaf hatte, nachdem er in einem eigens für ihn eingerichteten Schlosskindergarten erzogen worden war, das öffentliche Schulsystem durchlaufen. Eine Erfahrung, die sehr wichtig für ihn war. Es half ihm, sein Volk besser zu verstehen und zu dem modernen Monarchen zu werden, den seine Untertanen heute so schätzen. Zahlreiche Freundschaften, die er in seiner Schulzeit schloss, haben heute noch Bestand.

In den Medien pflegten Carl Gustaf und Silvia ebenfalls das Bild von der ganz normalen Familie. In der Weihnachtszeit ließ sich die Königin mit ihren Kindern beim Plätzchenbacken und bunter Weihnachtsbastelei fotografieren. Der König ließ sich dabei ablichten, wie er Victorias Fahrrad reparierte oder mit seinen Kindern im Pool planschte.

Die kleine Kronprinzessin war bei Presseterminen immer der Star, da sie oft schlagfertige und lustige Antworten gab. An ihrem fünften Geburtstag entgegnete sie auf die Frage, ob sie viele Geschenke bekommen habe, voller Stolz: »Fast das ganze Bett voll.«

Als Victoria sieben Jahre alt war, besuchte die Königsfamilie in Stockholm die Premiere der Kinoverfilmung von *Ronja Räubertochter,* und die Kronprinzessin war ganz aufgeregt, weil sie ihr großes Idol Astrid Lindgren treffen sollte. Niemand hatte damit gerechnet, dass die Presse das Kino belagern würde, doch auch diese Situation meisterte Victoria bravourös. Ein besonders hartnäckiger Reporter stellte ihr die Frage, was es für ein Gefühl wäre, eine Premiere zu besuchen. Das Mädchen antwortete, ohne eine Miene zu verziehen: »Blöde Fragen bekommen blöde Antworten.« Schon da zeigte sich, wie gut sie später mit der Presse würde umgehen können.

Die ersten Jahre ihrer Kindheit waren sehr behütet, Victoria wuchs gut abgeschottet von den Blitzlichtern der Medien auf. Im Alter von fünf Jahren hatte sie ihren ersten offiziellen Auftritt im Rahmen der Feierlichkeiten zum Schwedischen Nationalfeiertag am 6. Juni, die traditionell in Skansen, dem weltberühmten Freilichtmuseum auf der Stockholmer Halbinsel Djurgården, stattfinden. Die Medien stürzten sich – sehr zur Beunruhigung ihrer Eltern – auf Victoria, doch die Kleine meisterte die Situation souverän und ging winkend und lächelnd durch die Menschenmenge.

Zwei Jahre später bekam sie am Schwedischen Nationalfeiertag vom damaligen Ministerpräsidenten Olof Palme eine Raupe geschenkt, die ihm bei seiner Rede von einem Baum auf die Schulter gefallen war. Victoria stand von ihrem Stuhl auf und setzte die Raupe ins Gras. Darauf angesprochen, warum sie das getan habe, das sei doch ein Geschenk des Ministerpräsidenten gewesen, antwortete sie: »Ja, das weiß ich, aber er hat doch in seiner Rede von der Freiheit der Menschen gesprochen, und deshalb soll die Raupe auch frei sein.« Victoria hatte offenbar sehr genau zugehört und ganz richtig verstanden, was Olof Palme in seiner Rede gesagt hatte. Diese Aufmerksamkeit und gute Auffassungsgabe wird man an ihr später immer wieder loben.

Im Alter von sieben Jahren begann für Victoria schließlich der Ernst des Lebens: 1984 wurde sie nach einer zweijährigen Vorschule in die erste Klasse eingeschult.

Für jedes Kind beginnt mit dem ersten Schultag ein aufregender neuer Lebensabschnitt. Alles ist neu, die Mitschüler, die Lehrer, der Unterricht. Für Victoria bedeutete der Beginn ihrer Schulzeit noch viel mehr: Nun rückte sie erst recht in das Licht der Öffentlichkeit.

Sie war das erste Königskind, das in die Schule kam. Ein Ereignis, das in der schwedischen Presse gefeiert wurde wie eine Goldmedaille des Eishockey-Nationalteams bei den Olympischen Spielen. Zeitungen und Magazine druckten seitenweise Fotos ihres ersten Schultages, zu dem sie natürlich von ihren stolzen Eltern begleitet worden war.

Plötzlich richtete sich die ganze Aufmerksamkeit auf die Kronprinzessin. Zu offiziellen Terminen hatten sie sonst immer ihre Eltern und ihre Geschwister begleitet. Hinter ihnen konnte sie sich vor den Fotografen verstecken, wenn sie keine Lust hatte zu winken oder huldvoll zu lächeln. Im Klassenzimmer war sie jetzt ganz auf sich allein gestellt – eine völlig neue Erfahrung für sie.

An der Hand von Mama und Papa betrat die Kronprinzessin am 23. August 1984 die Smedslätts-Grundschule in Bromma nahe Schloss Drottningholm. Wie schon im Kindergarten hatte das Königspaar sich bewusst dafür entschieden, eine staatliche Schule auszusuchen, damit Victoria Kontakt zu anderen ganz normalen Gleichaltrigen aufbauen konnte.

An ihrem ersten Schultag blickte sie leicht skeptisch, berichteten Augenzeugen, und klammerte sich an ihre Mutter. Victoria trug ein rosa-türkisfarbenes Kleid mit passender Haarschleife, weißen Söckchen und schwarzen Lackschühchen. Mit Zahnlücke posierte sie brav für die wartenden Fotografen und wurde schließlich vom Rektor Bo Löfgren persönlich begrüßt. Sie machte artig einen Knicks und spazierte in die Klasse 1d, die aus elf Jungen und zwölf Mädchen bestand. Victoria entschied sich für einen Platz in der zweiten Reihe am Fenster.

Dann musste die Presse das Klassenzimmer verlassen, und der Unterricht begann. Mit ihren Mitschülern soll sich die Kronprinzessin schnell angefreundet haben – mit der Schule allerdings nicht.

Schon früh nämlich zeigte sich, dass Victoria die Dyslexie ihres Vaters geerbt hatte. Auch ihre Geschwister leiden in abgeschwächter Form darunter. Dyslexie ist eine Lese- und Schreibschwäche, bei der es den Betroffenen sehr schwer fällt, Buchstaben zu Worten zu verbinden und diese dann als Worte zu verstehen – Texte sind ein wirrer Haufen von Zeichen. Beim Schreiben treten dieselben Schwierigkeiten auf, die Buchstaben wollen sich einfach nicht in der richtigen Reihenfolge anordnen lassen. Dyslexie kann vererbbar sein und sagt nichts über die Intelligenz der Betroffenen aus. Im Gegenteil – oft sind gerade hochbegabte Menschen Dyslektiker, so zum Beispiel Albert Einstein, Leonardo da Vinci, Selma Lagerlöf, Agatha Christie oder auch Bill Clinton.

Victoria wusste das natürlich als Schulanfängerin noch nicht, für sie begann schlicht ein wahrer Alptraum. Ihre Mitschüler machten rasch Fortschritte im Lesen und Schreiben, nur für sie war das alles unverständlich und unbegreifbar. Sie hielt sich für dumm und ungenügend, verlor jeglichen Spaß am Unterricht und wurde immer trübseliger.

Zum Glück hatte ihre Mutter Silvia von Anfang an darauf geachtet, ob ihre älteste Tochter Anzeichen der Behinderung zeigte, die auch ihrem Vater in seiner Schulzeit das Leben schwer gemacht hatte. Auch Carl Gustafs Vorfahren hatten schon an Dyslexie gelitten – was man sich in früheren Jahrhunderten, wo man noch nicht wusste, dass diese Beeinträchtigung nichts mit mangelnder Intelligenz zu tun hat, gar nicht vorstellen mag –, so dass die Vermutung nahelag, dass auch Carl Gustafs Kinder davon betroffen sein könnten. Silvia tat daher alles, um ihre Tochter zu unterstützen und zu trösten. Zum Beispiel erklärte sie ihr, dass jeder Mensch in seinem Leben mit einem speziellen Problem zu kämpfen habe, und die Dyslexie sei eben ihres. Genau das sagt Victoria heute übrigens zu Daniel, wenn sie ihn wegen seiner Nierenkrankheit trösten möchte.

Nach Rücksprache mit der Schule bekam Victoria Extraunterricht und übte wie eine Besessene. Doch man wusste damals noch nicht viel über Dyslexie, so dass man ihr nicht gezielt und professionell helfen konnte. Auch die Jahre in der öffentlichen Mittelschule Ålstensskola in Bromma waren extrem hart für sie, da ihr hier die Unterschiede zwischen ihren fließend lesenden Mitschülern und ihr noch viel mehr auffielen als in der Grundschule. Die in einer solchen Situation sicher normalen Hänseleien der Klassenkameraden blieben ihr zwar erspart, doch ihr Selbstbild hat empfindlich darunter gelitten.

Erst als sie auf das private Enskilda Gymnasium in Stockholm wechselte, brachen leichtere Zeiten für sie an. Hier war man mit der Krankheit vertraut und konnte ein spezielles Förderprogramm für Victoria entwickeln und ihr zwei Speziallehrer zur Seite stellen. Vor dem Unterricht übte sie schon das Buchstabieren von Wörtern, und nach der Schule lernte sie stundenlang, um sich den Stoff aus den Lehrbüchern zu erarbeiten. Lange Zeit trug sie immer ein Lineal mit sich herum, mit dem sie sich Zeile für Zeile eines Textes eroberte. Doch auch an diesem Gymnasium war die Zeit hart für sie, und man kann sich kaum vorstellen, was für einem enormen Druck sie ihre ganze Schullaufbahn über ausgesetzt war. Zumal der Hof beschlossen hatte, dass nichts über die Krankheit der ältesten Tochter an die Öffentlichkeit dringen durfte. Man stelle sich vor – eine Thronfolgerin, die nicht richtig lesen und schreiben konnte! Schon über König Carl Gustaf kursierten genügend Geschichten, in denen er Opfer seiner eigenen Schwierigkeiten geworden war und zum Beispiel seinen Namen nicht korrekt schreiben konnte. Noch heute trägt er im Volk den teils liebevollen, teils verächtlichen Spitznamen »knugen«, da er als Kind das schwedische Worte »kungen« – König – nicht richtig schreiben konnte. So etwas wollte man Victoria unbedingt ersparen. Sie selber hat immer versucht, ihr Handikap mit Humor zu nehmen, denn: »Ohne Humor kann man nicht leben.«

Abgesehen von den Herausforderungen, die ihre Behinderung an sie stellte, verlebte Victoria jedoch eine weitestgehend normale und harmonische Schulzeit, das Lernen machte ihr Spaß. Nur die Prüfungen und Klausuren waren schlimm, da war sie nach eigener Aussage dem Nervenzusammenbruch nahe. Sie wollte unbedingt den Erwartungen entsprechen, musste sich selbst beweisen, dass sie nicht dumm war. Und eine Prüfungssituation ist schließlich etwas ganz anderes, als sich den Stoff in Ruhe zu Hause erarbeiten zu können. Aber auch diese Hürden hat sie mit Bravour genommen.

Victoria wurde wie jeder andere Schüler auch behandelt, doch ab und zu wurden ihr die Unterschiede zwischen ihren Klassenkameraden und ihr selbst nur allzu deutlich bewusst. Victoria wollte ihre Eltern und ihre Herkunft auf keinen Fall in den Vordergrund stellen, weshalb sie immer nur sagte, dass ihre Eltern unter Tags im Büro seien und abends oft zum Essen eingeladen. Ganz so leicht war es allerdings nicht, wenn die Eltern zu gewissen Aktivitätstagen oder zum Schuljahresende am Unterricht oder Projekten teilnahmen. Victoria wäre es lieber gewesen, eine der Kinderfrauen wäre gekommen, um das Aufsehen zu vermeiden, das König und Königin unweigerlich erregten.

Besonders peinlich waren ihr auch solche kleinen Momente, in denen ihr ihr Anderssein deutlich vor Augen geführt wurde: Wenn ihre Schulfreunde auf einem Klassenausflug ein normales Lunchpaket mit Hähnchenschenkel und einer Dose Cola dabeihatten, schämte sich Victoria ihres ganzen Hähnchens, das sie mit Messer und Gabel auf weißem Tischtusch mit weißer Leinenserviette verzehren sollte; dazu die Limonade im Glas. Und dabei wollte sie doch einfach wie alle anderen sein!

Dennoch fand sie auf dem Enskilda Gymnasium viele gute Freunde, mit denen sie teilweise heute noch sehr vertraut ist.

Für ihre Freunde war sie auch schon von frühester Jugend an »Oja« und nicht Victoria, was für sie einen großen Unterschied macht. Oja ist ein ganz normaler Mensch mit einem ganz normalen Leben – und Victoria ist die Kronprinzessin, die aufgrund ihrer Herkunft und ihrer Stellung unweigerlich im Licht der Öffentlichkeit steht.

»Oja« hatte Victoria als kleines Kind selbst geprägt, als sie ihren komplizierten Namen noch nicht aussprechen konnte.

Rückblickend beschreibt sie ihre Schulzeit als »anstrengend und schwierig. Wenn andere ins Café gingen, musste ich nach Hause und üben«, erzählte sie einmal. Die Disziplin, die Victoria aufbrachte, ist bewundernswert. Was sie antrieb, beschreibt die Kronprinzessin so: »Alles was ich tue, kann so unerwartete Konsequenzen haben. Deshalb kann ich einfach nicht aufhören, alles zweimal zu überdenken. Ich denke immer, alles noch besser und genauer machen zu müssen als die anderen.«

Sprachen zu lernen, machte ihr hingegen große Freude. Victoria spricht neben ihren beiden Muttersprachen Schwedisch und Deutsch sehr gut Französisch und Englisch. In den Sommerferien reiste sie in die USA oder nach Deutschland, um ihre Sprachkenntnisse zu verbessern.

Lange Jahre wussten nur ihre Familie und ihre Klassenkameraden von ihrem Problem – die Schule musste ein Geheimhaltungsabkommen unterzeichnen, dass nichts von Victorias Handikap nach außen dringen durfte –, damit Victoria so normal wie möglich aufwachsen konnte. Im Jahr 2002 ging sie dann überraschend selbst mit einem Bekenntnis zu ihrer Dyslexie an die Öffentlichkeit. An der Universität Örebro sollte sie eine Konferenz über Mobbing eröffnen und eine Rede halten. Man erwartete das Standardprogramm für Veranstaltungen wie diese, doch dann überraschte Victoria die anwesenden Teilnehmer und das gesamte schwedische Volk, als sie freimütig und gelassen begann, von ihren Schuljahren und ihren Problemen zu berichten, von der schweren Zeit, die sie durchlebt hatte, weil sie anders als ihre Mitschüler kaum lesen und schreiben konnte.

Woher der Mut kam, über ihre Dyslexie zu sprechen? Vielleicht lag es daran, dass sie zu diesem Zeitpunkt einen wichtigen Wendepunkt in ihrem Leben erreicht hatte: Die dunklen Jahre ihrer Teenager-Zeit lagen hinter ihr –

und außerdem hatte sie zu dieser Zeit gerade einen gewissen jungen Mann namens Daniel Westling kennengelernt ...

Seit dem Tag der Änderung der Thronfolgeregelung hatte sich Victorias Leben dramatisch verändert, auch wenn sie davon in ihrer Kindheit noch nicht so viel merkte. Doch schon während ihrer Schulzeit wurde sie immer mehr an ihre zukünftige Rolle herangeführt und nahm verschiedene Repräsentationstermine wahr. Als Elfjährige nahm sie beispielsweise am schwedischen Nationalfeiertag an den Feierlichkeiten in der Provinz Västergötland teil, deren Herzogin sie ist.

Mit dreizehn trat sie mit ihren Eltern und Geschwistern ihre erste offizielle Auslandsreise nach Italien an. Im Vatikan erhielt die Königsfamilie eine einstündige Audienz bei Papst Johannes Paul II. Auch dies war ein historisches Ereignis im sowieso an historischen Momenten bereits reichen Leben der Kronprinzessin Victoria, da dies der erste Besuch im Vatikan war, den ein schwedisches Königspaar mit all seinen Kindern absolvierte. Im selben Jahr reiste Victoria zusammen mit ihrer Mutter Silvia auch nach Deutschland, um in Berlin den neuen Gemeindesaal der schwedischen Victoriagemeinde einzuweihen, die nach der schwedischen Königin Victoria benannt ist. Nach der Einweihung reisten Mutter und Tochter weiter nach Lützen, um dort Blumen am Denkmal von Gustav II. Adolf niederzulegen, der in der gleichnamigen Schlacht an diesem Ort 1632 umkam.

Ein wichtiger öffentlicher Tag in ihrem Leben war

auch ihre Konfirmation am 27. Juli 1992, kurz nach ihrem fünfzehnten Geburtstag. Zusammen mit fünfundzwanzig weiteren Konfirmanden wurde sie in der Räpplinge kyrka auf Öland unter der Leitung von Vikar Hans Rhodin nun als Erwachsene in die kirchliche Gemeinschaft aufgenommen. Anwesend waren unter anderem natürlich ihre Paten, Königin Beatrix der Niederlande, Prinzessin Désirée, ihr Onkel Ralf Sommerlath und die norwegische Königin Sonja, die stellvertretend für ihren verhinderten Mann, König Harald, gekommen war.

Seit ihrem fünfzehnten Geburtstag wird auch Victorias Namenstag am 12. März mit einer großen Feier im Innenhof des Königlichen Schlosses in Stockholm begangen – ein weiterer Repräsentationspflichttermin für die junge Kronprinzessin.

Zu Anfang fiel es Victoria nicht leicht, ihre Eltern auf immer mehr Termine zu begleiten, sie fühlte sich unsicher und wusste nicht recht, wie sie mit den unterschiedlichen Leuten, denen sie begegnete, umgehen sollte. Ihre Mutter Silvia gab ihr daraufhin den weisen Rat, sich wirklich für ihr Gegenüber zu interessieren, dessen Worten ehrlich zuzuhören. Natürlich nicht einfach für einen Teenager, doch schon bald verstand Victoria, was ihre erfahrene Mutter damit gemeint hatte. Und schon wurden die langen Abendessen und anderen Einladungen ein wenig leichter, da die Kronprinzessin sich selbst mehr einbringen und die Gespräche aktiver gestalten konnte. Auch lange Reden von nicht immer begabten Rednern wurden so erträglicher, da sich Victoria ganz auf den Inhalt des Gesagten konzentrierte und nicht auf die Form.

Selbst das Bad in der Menge, das viele Händeschütteln, Lächeln und Winken meisterte Victoria nach einiger Zeit mit Hilfe ihrer Mutter, die ihr immer wieder einschärfte, dass das Winken nicht im Geringsten albern sei, sondern ein Zeichen für die anderen Menschen, dass man sie gesehen habe und sich über ihre Anwesenheit freue. Der wichtigste Rat ihrer Mutter, der sich auf alle Lebensbereiche anwenden lässt, war, dass es auf die innere Einstellung ankomme. Man könne genau so viel Spaß und Freude an einer Aufgabe haben, wie man es sich selbst zugestehe.

Diese simplen und doch so weisen Worte befolgt Victoria bis heute, und wenn man sie bei öffentlichen Auftritten sieht, glaubt man ihr, dass sie wirklich Freude an ihrem Leben hat, an ihrer Rolle als Symbol für Schweden. Keine einfache Rolle, bewahre, doch Victoria hat alle Voraussetzungen, sich mit den Jahren perfekt darin einzufinden. Bis dahin war es allerdings kein leichter Weg ...

Mit den zunehmenden Repräsentationsaufgaben wuchs auch der Druck auf Victoria. Die Kronprinzessin stellte hohe Ansprüche an sich: Sie erwartete von sich selbst, alle Aufgaben zur allgemeinen Begeisterung zu erfüllen, niemals eine Schwäche zu zeigen – gerade deshalb haderte sie so sehr mit ihrer Dyslexie.

Sie gab sich mit ihren Leistungen nur selten zufrieden, wollte immer noch mehr machen, noch besser sein. Sie selbst nannte es einmal das »Große-Schwester-Syndrom«: immer lernen, immer brav und fleißig sein und vor allem: schon früh Verantwortung übernehmen. Sie fühlte sich ihrer Stellung, ihrem Land und ihrer zukünftigen Aufgabe verpflichtet und lernte wie eine Besessene alles, was auf ihrem Lehrplan als Thronfolgerin stand.

Dennoch achtete das Königspaar darauf, dass Victoria genug Zeit hatte, ein normales Teenager-Leben zu führen, ins Kino zu gehen und Freunde zu treffen, auch wenn die Presse, die die Kronprinzessin bisher weitestgehend in Ruhe gelassen hatte, nun vermehrt Spekulationen über eventuelle Freunde der jungen Frau anstellte. Besonders gern räsonierte man über passende Paarungen im europäischen Hochadel, etwa Prinz Willem-Alexander der Niederlande, Kronprinz Frederik von Dänemark oder auch Prinz Nikolaos von Griechenland, auch wenn der einen gewissen Playboy-Ruf hatte. Doch Victoria ließ das alles vollkommen unberührt, sie entdeckte ihr Herz für jemand ganz anderen.

1993 lernte sie ihren ersten Freund Daniel Collert kennen, den begehrtesten Jungen ihrer Schule, ein paar Jahre älter als sie. Nach außen hin ein Party-Typ, doch mit einer tragischen Familiengeschichte. Geboren als Daniel Persson in Stockholm musste er sich 1984 von seinem Vater Staffan verabschieden, der im Alter von nur fünfzig Jahren an Krebs verstarb. Der kleine Daniel blieb mit seiner Mutter Anna zurück, die drei Jahre später den Bankdirektor Göran Collert zum zweiten Ehemann nahm. Daniel hatte wieder eine vollständige Familie, doch das Glück hielt nicht lange an. Anfang der Neunziger erkrankte auch seine Mutter Anna an Krebs und starb 1993. Victoria hörte von dem furchtbaren Ereignis und schrieb Daniel, den sie nur flüchtig kannte, einen Brief, in dem sie ihm ihr Mitgefühl ausdrückte. Wenig später trafen sie sich zum ersten Mal, allerdings eher durch Zufall. Daniels bester Freund Marcus Magnusson war an Victoria interessiert und überlegte, wie er die Kronprinzessin näher kennenlernen konnte. Er kam auf die Idee, Victoria zum Essen einzuladen, was sie gern annahm, jedoch eine Freundin mitbringen wollte. Um das Gleichgewicht wieder herzustellen, brachte Marcus daraufhin seinen Kumpel Daniel mit, eine ideale Wahl, sollte das Gespräch ins Stocken geraten. Der äußerst wohlerzogene und charmante Daniel wusste immer eine lustige Anekdote zu erzählen oder einen geistreichen Kommentar zu machen.

Das Treffen fand im Stockholmer Café Mondo statt, das Marcus' Vater gehörte. Als Marcus und Daniel eintrafen, waren die Mädchen bereits da, und nach einem etwas nervösen Beginn verlief der Abend sehr gut. Doch nicht ganz so, wie Marcus es sich gewünscht hätte … denn schon bald waren Victoria und Daniel tief ins Gespräch vertieft. Die beiden hatten sich viel zu sagen und verstanden sich vom ersten Moment an hervorragend. Sie tauschten Telefonnummern aus, und am nächsten Tag schickte Daniel einen Strauß Blumen nach Drottningholm.

Schon kurz darauf rief Victoria bei Marcus an, um sich bei ihm für das nette Abendessen zu bedanken und ob man das nicht bald wiederholen wolle, in derselben Besetzung. Diesmal wollte Victoria die Gastgeberin spielen und lud alle zu sich nach Drottningholm ein. Ihre drei

Freunde hätten eigentlich eine Haushälterin erwartet, doch Victoria stand selbst am Herd und bekochte die Gruppe mit Pasta. Auch dieser Abend wurde ein voller Erfolg, und von nun an telefonierten Victoria und Daniel täglich und sahen sich so häufig wie möglich. Oft besuchte sie ihn auch in Djursholm, einem Vorort von Stockholm.

Victoria war zum ersten Mal verliebt, und Daniel und sie genossen ihr Glück. Doch schon bald bekam die Presse Wind davon, dass die Kronprinzessin einen Freund hatte. Von nun an konnte das Paar keinen Schritt mehr ungestört gehen, überall lauerten Paparazzi und wollten ein Foto von Victoria und Daniel schießen.

Daniel hatte große Schwierigkeiten mit seiner plötzlichen Bekanntheit und der ständigen Beobachtung. Die Gefühle, die die beiden verbanden, waren stark, aber ihre Beziehung wurde von Anfang an überschattet von dem Medienrummel, der um sie herum stattfand. Mit der Zeit wurde die Situation immer anstrengender für ihn, es verging kaum eine Woche, in der er nicht auf irgendeiner Zeitschrift abgebildet war. Ihre Beziehung war für ihn zu einem anstrengenden Spießrutenlauf geworden.

Dennoch hielten Victoria und Daniel zusammen, aber ihre Liebe wurde schon nach einem Jahr auf eine harte Probe gestellt: Eines Abends im Dezember 1994 besuchte Daniel zusammen mit Freunden den angesagten Nachtclub Sturecompagniet am Stockholmer Stureplan. Victoria war an diesem Abend nicht dabei, da ihre Eltern sie noch für zu jung für das Nachtleben hielten. Es war schon weit nach Mitternacht, und die meisten anderen

Clubs in der Umgebung hatten bereits geschlossen, so dass die feierwütige Meute sich um die Sturecompagniet drängte. Die Türsteher hatten alle Hände voll zu tun, die auf Einlass Wartenden in Schach zu halten.

Etwa um halb vier Uhr morgens kam es zu einem lautstarken Streit zwischen der Security und einer vierköpfigen Gangsterbande, die nicht akzeptieren wollte, dass der Club seine Kapazität erreicht hatte. Tommy Zethraeus, Guillermo Marques Jara und zwei weitere Kumpane begannen eine Prügelei, zogen dann jedoch nach einer Weile wieder ab. Was da noch keiner ahnen konnte – um fünf Uhr morgens, der Club schloss gerade, und viele Gäste traten in diesem Moment auf die Straße, kamen sie mit Maschinenpistolen bewaffnet zurück und schossen wahllos in die Menge.

Panik brach aus, überall war Blut, und es gab zahlreiche Verletzte. Daniels Rettung war es wahrscheinlich, dass er zu den letzten gehörte, die sich noch an der Bar aufhielten. Verzweifelt versuchte er, Erste Hilfe zu leisten, eine Frau konnte er retten, eine andere starb trotz seiner Bemühungen, die Blutung zu stillen, später im Krankenhaus an einem Lungenschuss. Er tat nur das, was jeder Mensch in so einer Situation getan hätte, doch aufgrund seiner Bekanntheit war sein Foto am nächsten Tag in allen Zeitungen, er wurde als Held gefeiert.

Daniel war der Medienrummel furchtbar unangenehm, er fühlte sich nicht als Held. Vor allem war er von den schlimmen Ereignissen schwer traumatisiert und benötigte viel Ruhe und die Unterstützung seines Stiefvaters und seiner Freundin, um mit Hilfe vieler Gespräche über das Erlebte hinwegzukommen. Doch diese Ruhe war ihm kaum vergönnt, denn kurz nach der Schießerei erhielt die Familie ominöse Anrufe, man wolle Daniel kidnappen und als Geisel im Austausch für die mittlerweile festgenommenen Tommy Zethraeus und Guillermo Marques Jara verwenden. Die Polizei nahm die Drohungen sehr ernst und stellte Daniel Collert unter Personenschutz.

Diese Zeit hatte natürlich auch Auswirkungen auf die Beziehung zu Victoria: Monatelang durfte das Paar sich nicht sehen, sondern nur telefonieren, alles andere wäre für die Kronprinzessin zu gefährlich gewesen.

Diese Erfahrung veränderte Daniel – verständlicherweise –, und er war überzeugt, dass er nach der Schießerei niemals bedroht worden wäre, wenn er nicht aufgrund seiner Beziehung zu Victoria so in der Öffentlichkeit gestanden hätte.

Kurz vor ihrem 18. Geburtstag, Daniel und Victoria waren mittlerweile zwei Jahre zusammen, wurde ihre Beziehung immer schwieriger. Daniel hatte nach wie vor große Probleme damit, ständig von der Presse überwacht zu werden und sich kaum frei bewegen zu können. Und nicht nur die Presse war ihm ein Dorn im Auge, auch die allgegenwärtigen Leibwächter der schwedischen Sicherheitspolizei Säpo, ohne die Victoria keinen Schritt gehen durfte. Doch weil er seine Victoria liebte, versuchte er, die äußeren Umstände ihrer Beziehung zu akzeptieren und sich damit zu arrangieren. Eifrig schmiedeten die beiden Pläne, wie sie ihre Beziehung noch enger, noch ernsthafter machen konnten.

Daniel schenkte Victoria ein kleines Schmuckstück, eine goldene Kette, mit einem kleinen Affen als Anhänger. Wenn sie sich nicht sehen konnten, weil Victoria offizielle Termine wahrnehmen musste, wurde der Anhänger zum Vermittler kleiner Liebesbotschaften.

Je nachdem, wie er an der Kette hing, sagte er etwas anderes aus. Hing der Affe zum Beispiel an seinem rechten Ärmchen, teilte Victoria Daniel mit, wie sehr sie ihn vermisste. Hing der Affe an seinem linken Ärmchen, bedeutete dies: Ich liebe dich. Es waren Kleinigkeiten wie diese, an denen die beiden festhielten, die sie noch enger zusammenschweißten und ihnen die Hoffnung auf eine glückliche Zukunft gaben. Sie ahnten noch nicht, dass der Sommer 1995, auf den sich beide so sehr freuten, ganz anders als in ihren Träumen werden sollte.

Bevor Victoria in die wohlverdienten Sommerferien fahren konnte, mussten noch die Feierlichkeiten zu ihrem achtzehnten Geburtstag, der Volljährigkeit, absolviert werden, was den Druck, der seit einigen Jahren auf ihr lastete, noch um ein Vielfaches erhöhte. Schon ein Jahr vor diesem einschneidenden Ereignis hatten die Vorbereitungen begonnen, damit am großen Tag, der mit umfassenden Feierlichkeiten begangen werden sollte, auch alles perfekt ablaufen würde.

An diesem Tag, dem 14. Juli 1995, würde sie die offizielle Stellvertreterin ihres Vaters werden und ihre erste Rede an das schwedische Volk halten, Millionen Augen würden via Fernseher auf sie gerichtet sein. Eine Horrorvorstellung für das junge Mädchen, die ihr großes

Unbehagen und Bauchschmerzen bereitete. Victoria war davon überzeugt, dass sie versagen würde, vor aller Augen, sich als unwürdig erweisen, alle in sie gesetzten Hoffnungen enttäuschen würde. Es war klar, dass sie allein dem Druck, sich auf diese große Rede, diesen großen Moment vorzubereiten, nicht standhalten würde.

Das Königspaar griff daher zu einer ungewöhnlichen Methode und stellte ihr Margaretha Krook an die Seite, eine in Schweden bekannte Theaterschauspielerin, von der Silvia und Carl Gustaf schon lange begeistert waren. Margaretha sollte mit Victoria Sprech- und Rhetorikübungen machen, um Victoria auf den großen Tag vorzubereiten. Das Engagement wurde vom Königshaus geheim gehalten, der Druck, unter dem Victoria stand, war groß genug, und sollte nicht noch durch weitere Gerüchte und Geschichten erhöht werden. Auch Margaretha wollte auf keinen Fall im Licht der Öffentlichkeit stehen und sich mit penetranten Reportern auseinandersetzen müssen.

Bei ihren ersten Treffen unternahmen Victoria und die berühmte Schauspielerin lange Spaziergänge durch den Drottningholmer Schlosspark, um sich kennenzulernen und ein Gespür für den anderen zu entwickeln. Schon bald öffnete die Kronprinzessin ihr Herz und berichtete von sich aus von ihren Lese- und Schreibschwierigkeiten und der damit verbundenen Unsicherheit. Die erfahrene Margaretha Krook konnte Victoria beruhigen, und durch ihre wöchentlichen Treffen, zu denen die Kronprinzessin als Hausaufgabe jeweils einen kleinen Text vorlesen können musste, machte das junge Mädchen rasch große

Fortschritte, die natürlich mit harter Arbeit verbunden waren. Wie eine Besessene übte Victoria ihre Texte, oft musste Schwester Madeleine als Publikum einspringen, doch die monatelangen Mühen zahlten sich schließlich aus.

Victorias Leben änderte sich in dieser Phase radikal: Anders als andere Teenager und anders als ihre Schulfreunde blieb ihr nun so gut wie keine Zeit zum Ausgehen, zum Freunde treffen – und für ihre kriselnde Beziehung mit Daniel Collert. Ihre Freunde konnten sich gar nicht vorstellen, mit was sie sich in ihrer Freizeit beschäftigte, und wer nicht in derselben Situation war wie Victoria – oder eine ähnlich große Rolle später in seinem Leben übernehmen sollte, etwa eine Firmenübernahme oder Ähnliches –, konnte sich den Druck, der auf ihr lastete, in keinster Weise vorstellen. Aufgrund ihrer Arbeitsbelastung zog sich Victoria von ihren Freunden zurück, doch auch, weil sie nicht die Menschen waren, die ihr in dieser Lebensphase helfen konnten.

Ähnlich wie ihr Vater, König Carl Gustaf, ist auch Victoria erfüllt von einem übermäßigen Pflichtgefühl. Sie selbst stellt die höchsten Erwartungen an sich, nimmt sich vor, ihre Aufgaben perfekt zu erfüllen. Dieser Anspruch war auch immer wieder ein Thema in ihrer Beziehung zu Daniel Collert.

Je näher der 18. Geburtstag rückte, umso mehr machte man sich am Königshof Gedanken darüber, wie man die Presse an diesem Tag zufriedenstellen könnte. Denn selbstverständlich war die Aufregung groß, und jeder wollte ein Interview mit der Kronprinzessin führen. Man beschloss daher, dass jede große Zeitung einen Reporter nach Solliden schicken durfte, jedoch keine Fotografen. Victoria war erst strikt dagegen, wollte sich auf keinen Fall jetzt schon mit den Medien auseinandersetzen, doch schließlich sah sie die Notwendigkeit dieses Interviewmarathons ein, der zumindest in vertrauter und entspannter Umgebung stattfinden sollte.

Und dann war der große Tag gekommen. Der Morgen war noch wie jeder andere Geburtstag gewesen, Victoria war von ihrer Familie mit Erdbeertorte und Geschenken geweckt worden. Nach einem gemeinsamen Frühstück kleidete Victoria sich an; an diesem Tag trug sie ein königsblaues Kleid und eine kunstvolle Hochsteckfrisur. Um ihren Hals lag die zweireihige Perlenkette, die sie von ihren Eltern zu diesem Tag geschenkt bekommen hatte. Außerdem hatte ihr Vater ihr noch den blauen Seraphinenorden überreicht, die höchste Auszeichnung, die Schweden zu vergeben hat.

Vor der offiziellen Erklärung der Volljährigkeit wurde noch eine private Andacht in der Schlosskirche im Königlichen Schloss abgehalten, um der Kronprinzessin Kraft und Zuversicht für ihren großen Auftritt zu geben. Anwesend waren nur Familie, Paten, der Premierminister und einige andere ausgewählte Gäste.

Um elf Uhr war es dann schließlich so weit: Victoria hatte ihren großen Auftritt im Reichssaal, in dem bereits vierhundert Gäste ungeduldig auf den König und seine bezaubernde Tochter warteten. Das Königspaar und Victoria ließen sich auf dem Podium nieder, neben Königin Christinas monumentalem Silberthron. Die gesamte Zeremonie wurde live im Fernsehen übertragen, und ganz Schweden fieberte mit der Kronprinzessin mit.

Auch für König Carl Gustaf war dies kein normaler Tag, auch wenn er es natürlich gewohnt war, Reden vor seinem Volk und den Fernsehkameras zu halten. Doch schließlich wird die eigene Tochter nicht jeden Tag volljährig.

Zuerst sprach Carl Gustaf einige Worte zu seiner Tochter:

»Liebe Victoria, heute ist dein großer Tag. Wir haben uns hier im Reichssaal versammelt, um unsere Glückwünsche vorzubringen und gleichzeitig zu feiern, dass du ab heute berechtigt bist, mir als Kronprinzessin in meiner wichtigen Aufgabe als Staatsoberhaupt Schwedens beizustehen.«

Nach einer kurzen Pause fuhr er fort: »Ich habe großes Vertrauen in dein zukünftiges Wirken, und deine ganze Familie wird dir auf jede nur mögliche Art zur Seite stehen. Du bist das Bindeglied zwischen Vergangenheit und Zukunft unseres Landes. Als Thronfolgerin trägst du Schwedens und die Tradition des Königshauses weiter.«

Abschließend sagte er: »Deine Mutter und ich wünschen dir alles Glück und allen Erfolg dieser Welt. Möge Gott dich beschützen.«

Spätestens jetzt begannen die ersten Tränen unter den Anwesenden zu rollen, die von der Feierlichkeit des Augenblicks übermannt wurden.

Mit einem entzückenden Lächeln nahm Victoria dann

die Glückwünsche des Ministerpräsidenten, der Kabinettsmitglieder, der hochadeligen Gäste und ihrer Verwandten entgegen. Schließlich kam der Moment ihrer Rede:

»Eure Majestät, lieber Papa«, begann sie. »Der Tag, an dem man volljährig wird, bedeutet für alle eine große Veränderung. Denn nach diesem Tag ist man für seine Zukunft selbst verantwortlich. Für mich als Kronprinzessin bedeutet dieser Tag jedoch auch, dass ich dem König und der Königin in Zukunft bei ihrer schweren Arbeit als Staatsoberhäupter helfen kann. Ich möchte mich bei meinen Eltern für die Unterstützung bedanken, die ich genossen habe. Das bedeutet mir unendlich viel und hilft mir sehr, mich mit Zuversicht der Verantwortung und den Aufgaben zu widmen, die als Thronfolgerin auf mich warten. Ich verspreche, dass ich dem schwedischen Königshaus, dem Reichstag und dem schwedischen Grundgesetz immer treu sein werde.«

Victoria bedankte sich außerdem offiziell für den Seraphinenorden: »Dieser Orden hat eine große Bedeutung und wird mich immer an meine Verantwortung gegenüber dem König und unserem Land erinnern.« Charmant und souverän meisterte sie ihren ersten großen Auftritt, vor dem sie sich im Vorfeld so gefürchtet hatte. Auch der König und Silvia waren glücklich und sehr stolz auf ihre Tochter.

Vor dem Schloss hatten sich zu diesem Zeitpunkt Zehntausende Schweden und zahlreiche ausländische Touristen versammelt. Die Menge jubelte Victoria zu und sang ein Geburtstagsständchen. Zuvor hatte auch

Victoria ihre Sangeskünste unter Beweis gestellt. Als sie zusammen mit ihren Eltern die schwedische Nationalhymne »Du gamla, du fria, du fjällhöga Nord« (»Du alter, du freier, du gebirgiger Norden«) intonierte, traf sie jeden Ton.

Nach den öffentlichen Glückwünschen fand ein großes Geburtstagsdinner in Prinzessin Sibyllas Räumen im Königlichen Schloss statt, bei dem der König einen Toast auf seine Tochter aussprach: »Victoria, ich bin so stolz auf dich!« Victoria saß neben ihrem Lieblingspaten König Harald von Norwegen und war überglücklich, dass dieser Tag, auf den sie sich so lange vorbereitet hatte, so perfekt verlaufen war.

Am nächsten Tag ging die Reise nach Öland, um wie gewohnt ihren Geburtstag auf Solliden zu feiern. Und sich dieses Mal auch der Presse zu stellen. Doch auch diese Hürde nahm Victoria souverän und professionell, mit Pressesprecherin Elisabeth Tarras-Wahlberg an ihrer Seite als Unterstützung. Sie beantwortete geduldig Fragen zu ihrer Rolle als Kronprinzessin, zu ihrer Volljährigkeit und den damit verbundenen neuen Aufgaben, zu ihrem Selbstvertrauen und und und.

Ein Reporter fragte sie nach ihren Freunden und wollte wissen, warum sie sich von ihnen zurückgezogen habe. Elisabeth Tarras-Wahlberg wollte schon einschreiten, doch da hatte Victoria bereits geantwortet: »Weil sie keine wahren Freunde waren.«

Sie stellte klar, dass ihr ein Jet-Set- und Party-Leben nicht gefalle, dass sie ihre Rolle ernst nehme und sich auf ihre zukünftige Aufgabe vorbereite. In der wenigen Freizeit, die ihr bliebe, genieße sie es zum Beispiel, einfach zu Hause sein oder auf Solliden in die Natur zu gehen und Beeren zu pflücken.

Am Ende versprach sie: »Ich will eine breitangelegte Ausbildung absolvieren, um mich auf meine zukünftigen Aufgaben vorzubereiten. Und außerdem kann ich auch viel von meinem Vater lernen – ich werde genau aufpassen, wie Papa alles macht.«

Die eingeladenen Reporter lernten an diesem Tag eine strahlend schöne junge Frau kennen, die mit ihrer Klugheit, ihrer Natürlichkeit und ihrer Aufrichtigkeit eines Tages die perfekte Königin für Schweden sein wird.

Eine Königsfamilie zum Anfassen: Silvia und Carl Gustav bei Victorias Taufe und am Weihnachtsabend 1977. Die Prinzessin blieb nicht lange alleine. 1979 kam Carl Philip zur Welt, und 1982, nach der Geburt Madeleines, war die Familie komplett.

*Unbeschwerte Kindheit: Die Kronprinzessin im Kreis ihrer
Familie und im Winterurlaub in Storlien.
Doch auch öffentliche Auftritte gehören für Victoria und
ihre Geschwister von früher Kindheit an dazu.*

*Die Last der Krone hinterlässt ihre Spuren:
Die Kronprinzessin von der Magersucht gezeichnet beim
Nobel-Dinner 1997.
Erst in den USA blühte sie wieder auf und schöpfte Kraft
für ihre Aufgabe als Thronfolgerin.*

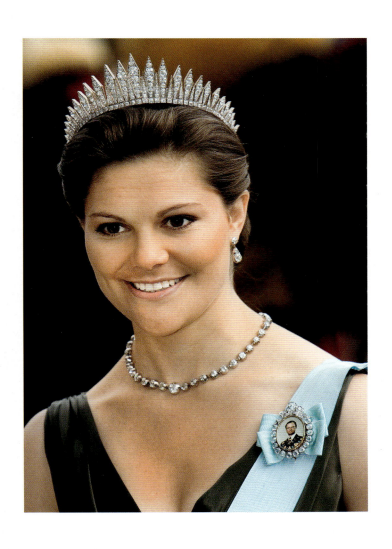

*Elegant und mit ihrem unverkennbaren Lächeln:
Victoria bei repräsentativen Auftritten*

Ein Leben im Licht der Öffentlichkeit: Kaum ein Schritt der Kronprinzessin und ihres Lebensgefährten Daniel Westling bleibt unbeobachtet.

4

DUNKLE ZEITEN

*»Ich kam mir einsam
und verloren vor«*

Mit Beginn der Volljährigkeit war Victoria offizielle Stellvertreterin ihres Vaters in Repräsentations- und Staatsangelegenheiten, und sie nahm dieses Amt sehr ernst, auch wenn noch das letzte Schuljahr am Enskilda Gymnasium vor ihr lag. Die nächsten Monate waren alles andere als leicht für sie, da sich ihr Leben immer mehr von dem ihrer Schulkameraden unterschied. Schon vor ihrem 18. Geburtstag war ihre Freizeit ja von vollkommen anderen Dingen in Anspruch genommen worden – der intensiven Vorbereitung auf ihre erste öffentliche Rede zur Volljährigkeit, das Wissen, bald offiziell als Thronfolgerin fungieren und repräsentieren zu müssen, der Druck, den Erwartungen gerecht zu werden, die Schule dabei nicht zu vernachlässigen –, Partys, Dates, Shoppingtouren und womit sich Jugendliche sonst beschäftigen, schienen für sie weit weg zu sein. Außerdem war es in den letzten Monaten immer wieder dazu gekommen, dass die Presse Informationen veröffentlicht hatte, die eigentlich nur aus Victorias engstem Freundeskreis stammen konnten, weshalb sie ein großes Misstrauen gegenüber ihrer Umgebung entwickelte. War man mit ihr um ihrer selbst willen befreundet, sah man sie als »Oja«? Oder wollte man sich nur in ihrem Glanz als Thronfolgerin und Prinzessin sonnen? Viele Schüler waren zum Beispiel nur auf dem Enskilda Gymnasium, weil ihre Eltern sie in die Nähe der Prinzessin bringen wollten. Zu diesen existenziellen Fragen kam im Sommer 1995 auch noch eine ernsthafte Beziehungskrise mit Daniel Collert, als Folge eines schweren Unfalls, der sich kurz nach ihrem Geburtstag ereignete.

Victorias Eltern waren im Allgemeinen sehr angetan von dem Freund ihrer Tochter, der aus den besten Kreisen Stockholms stammte, wohlerzogen, freundlich und weltgewandt war.

Allerdings war er vier Jahre älter als seine Freundin und feierte gern in den angesagten Nachtclubs der Stadt, was für Victoria natürlich noch nicht in Frage kam. Ihr zuliebe verbrachte er mehr Zeit mit ihr auf Drottningholm und vernachlässigte dafür seine Freunde.

An einem Abend im Sommer 1995 feierte er jedoch ausnahmsweise mit seinen Kumpels in den Clubs am Stureplan. Spät in der Nacht kehrte er in das Haus seines Stiefvaters Göran Collert in Djursholm zurück. Er war so stark angetrunken, dass er auf dem Weg in sein Zimmer die Treppe hinunterfiel und lebensgefährlich mit dem Schädel aufschlug. Wenn sein Stiefvater den lauten Fall nicht gehört und den Notarzt alarmiert hätte, wäre Daniel vermutlich binnen weniger Stunden gestorben. Er erlitt eine lebensgefährliche Hirnblutung, weshalb sich die Ärzte im Karolinska-Krankenhaus zu einer riskanten Operation entschlossen: Daniels Schädel musste geöffnet und Blut abgesaugt werden, um den Druck auf das Gehirn zu verringern. Zehn Stunden dauerte die Operation, sein Zustand war auch danach noch kritisch. Die Ärzte konnten bis auf weiteres nicht abschätzen, was für Folgeschäden der Unfall haben würde. Bleibende Gehirnschäden, ein Leben im Rollstuhl – alles war im Bereich des Möglichen.

Dank seiner guten körperlichen Verfassung blieben Daniel solche Schicksalsschläge erspart, doch er musste nach dem Krankenhausaufenthalt für einige Wochen zur Reha. Diese Zeit war sehr belastend für ihn und Victoria. Sie machte sich Sorgen um ihren Freund, vor allem, als sich abzeichnete, dass er doch mit einigen Spätfolgen des Unfalls zu kämpfen hatte.

Er litt unter Konzentrationsschwierigkeiten, Problemen mit dem Gleichgewichtssinn, Müdigkeit und Erschöpfung, was sich massiv auf seine Stimmung auswirkte. Außerdem musste er zeitweise eine Augenklappe über einem Auge tragen, um fokussieren zu können. Durch diese Beeinträchtigungen veränderte er sich, was sich natürlich auch auf die Beziehung zu Victoria auswirkte. Es kam immer öfter zu heftigen Streits, Daniel ertrug seine öffentliche Rolle an der Seite der Kronprinzessin noch viel schlechter als vor dem Unfall.

Im Frühjahr 1996 beschlossen sie, sich auf unbestimmte Zeit zu trennen. Zu Victorias Abiturfeier im Juni 1996 begleitete er sie nicht, doch ihre Familie und ihre Klassenkameraden sorgten natürlich dafür, dass es ein wunderbarer Tag wurde.

Nach erfolgreichem Abschluss des Gymnasiums stellte sich die Frage nach Victorias weiterer Ausbildung. Sie wollte unbedingt ins Ausland und dort für mindestens ein Jahr studieren. Stockholm war ihr mittlerweile zu eng, sie war unglücklich wegen der Trennung von Daniel, ihrem Freundeskreis vertraute sie nicht mehr, sie zog sich immer weiter zurück. Ihre Eltern stimmten ihr zu, dass ein längerer Auslandsaufenthalt genau das Richtige sei. Erst wurden die USA ins Auge gefasst, Victorias Lieblingsland, das sie durch diverse Reiturlaube in ihrer Teenagerzeit schon kannte und innig liebte. Doch nach einiger Überlegung fiel Victorias Wahl schließlich doch auf ein europäisches Land, um nicht allzu weit von daheim weg zu sein. Die Reise sollte nach Frankreich gehen, in die kleine Stadt Angers, etwa dreihundert Kilometer entfernt von Paris.

Den Sommer vor Semesterbeginn nutzte Victoria, um neue Leute kennenzulernen und vor allem eingehendere Bekanntschaft mit dem Stockholmer Nachtleben zu schließen. Bisher war sie zu jung gewesen und hatte ihre Freizeit außerdem lieber mit Daniel verbracht. Doch nun hatte sie einiges nachzuholen und vergnügte sich mehrere Abende in der Woche in den angesagtesten Bars der Stadt, ihre Lieblingsclubs waren Sophies Bar sowie Bo's Bar, wo sie die Nächte auf den Tischen durchtanzte. Zum Glück gab es damals noch keine Handys mit Kamerafunktion – heute könnte Victoria nicht mehr so ausgelassen feiern, binnen Minuten wäre ihr Bild im Internet zu finden.

Am Wochenende vor der Abreise nach Frankreich sorgte sie unerwartet für Schlagzeilen. Den Samstagabend verbrachte sie im Club Sturecompagniet und traf dort einige gute Freunde von Daniel, unter anderem Svante

Tegnér, einen seiner besten Kumpel. Victoria und Svante kannten sich schon lange, waren aber nie mehr als gute Bekannte gewesen. Doch an diesem Abend schien sich etwas zwischen ihnen zu verändern. Aus einem Tanz wurden fünf, aus einem kurzen Plausch wurde eine lange, intensive Unterhaltung.

In den frühen Morgenstunden verließen sie gemeinsam den Club. Victoria tat da etwas Ungewöhnliches – statt wie sonst diskret durch die Hintertür zu verschwinden, ging sie ganz offen mit Svante mitten über den Stureplan, als wolle sie der ganzen Welt zeigen, »seht her, ich verstecke mich nicht. Und ich bin in Gesellschaft eines Mannes.« Natürlich wurde ihr kleiner Spaziergang von einem Fotografen auf Film gebannt und erschien am Sonntag auf der Titelseite der Zeitungen.

Auch wenn nicht mehr als Freundschaft zwischen Victoria und Svante war, muss ihr klar gewesen sein, was für einen Wirbel ihr kleiner Ausflug verursachen würde. Die Gerüchteküche brodelte, die Presse war überzeugt, ein neues Traumpaar gefunden zu haben. Was wirklich geschah? Das wissen nur Victoria und Svante, und beide schwiegen eisern. Wahrscheinlich waren sie kein Paar, doch wenn Victoria nicht einige Tage später nach Frankreich abgereist wäre, wer weiß, ob sie es nicht miteinander versucht hätten.

Carl Gustaf und Silvia hatten Victorias Frankreichaufenthalt genauestens vorbereitet. Ihre Tochter würde bei Isabelle und Guillaume d'Anthemaics wohnen, guten Freunden von Bekannten des Königspaares in Schweden, deren zwei Töchter gemeinsam mit Victoria an der Université Catholique de l'Ouest studieren würden. Die Familie wohnte mitten in der pittoresken Stadt Angers, nur einige Straßen von der Universität entfernt. Studienfächer würden Französisch und französische Literatur sein.

Victoria war euphorisch, als sie mit ihren Leibwächtern, einer Hofdame und Pressesprecherin Elisabeth Tarras-Wahlberg in Frankreich eintraf. Für sie fühlte es sich wie ein neuer Abschnitt ihres Lebens an, endlich weg von den Problemen mit Daniel und ihren Freunden, mehr oder weniger auf sich allein gestellt, eine neue Umgebung – frohgemut sah sie in die Zukunft und ahnte noch nicht, was auf sie zukommen sollte. Zu ihrem Freundeskreis in Stockholm hatte sie alle Verbindungen gekappt, selbst zu den besten Freundinnen aus Kindheit und Schulzeit. Zu groß war die Verunsicherung, wer es wirklich ernst mit ihr meinte und wer sich nur im Glanz der Prinzessin sonnen wollte. Richtig erklären konnte sie ihr Verhalten nicht, das ihr ihre besten Freunde verständlicherweise übelgenommen haben. Darauf angesprochen, wiederholte sie immer nur: »Ich musste einfach.«

An ihrem ersten Unterrichtstag ging sie erwartungsvoll mit ihren Büchern unter dem Arm zu Fuß zur Universität und war überwältigt von dem Presseaufgebot, das sie empfing. »Das alles nur wegen mir?«, war ihre verwunderte Antwort auf das riesige Interesse an ihrer Person.

Das Herbstsemester in Frankreich wurde eine der schönsten Zeiten in ihrem bisherigen Leben, Victoria genoss die weitgehende Anonymität in vollen Zügen und freundete sich sowohl mit schwedischen Mitstudenten (die sie ohne viel Aufhebens einfach »Prillan« nannten, eine Abkürzung vom schwedischen Wort für Prinzessin, »prinsessa«) als auch vielen Franzosen an. Sie schwärmte davon, wie echt und unverfälscht die Menschen hier seien, und man kann nur vermuten, wie viel ihr das nach den jüngsten Erfahrungen in Stockholm bedeutete.

Als Victoria über Weihnachten nach Hause fuhr, war sie wie verwandelt, so locker und entspannt hatte ihre Familie sie schon lange nicht mehr gesehen. Es wurden wunderbare Tage inklusive der obligatorischen Skiferien in Storlien über Neujahr. Einzig Prinz Bertils Gesundheit bereitete große Sorge, der enge Vertraute von König Carl Gustaf und auch Victoria war schon seit langem schwer krank. Am 5. Januar starb Prinz Bertil schließlich, was seine Frau Lilian und die gesamte Königsfamilie in tiefste Trauer stürzte.

Vor allem Victoria war tief getroffen von seinem Tod, denn er war ihr immer eine große Stütze und vor allem Großvaterersatz gewesen. Sie beschloss daraufhin, ihren Heimaturlaub um einige Zeit zu verlängern, um nach diesem schweren Verlust ein wenig zur Ruhe zu kommen. Da ahnte sie noch nicht, dass schon bald ein weiterer Todesfall ihre idyllische Zeit in Frankreich unterbrechen würde.

Alice de Toledo Sommerlath, Königin Silvias Mutter und Victorias Großmutter, war bereits seit vielen Jahren schwer herzkrank. Seit sie im Jahr 1990 Witwe geworden war, hatte sie schon einige Monate im Jahr auf Drottningholm verbracht, die restliche Zeit bei ihren drei Söhnen. In den letzten Jahren vor ihrem Tod war noch eine Demenzerkrankung hinzugekommen, und Silvia hatte ihre über alles geliebte Mutter schließlich ganz nach Drottningholm geholt, um der schwerkranken Frau beizustehen. Eine eigene Wohnung wurde Frau Sommerlath mit ihren Möbeln aus Heidelberg eingerichtet, um den Umzug für sie so erträglich wie möglich zu machen.

Silvia informierte sich eingehend über die Krankheit, las alles dazu, was sie bekommen konnte und tauschte sich intensiv mit Fachärzten auf diesem Gebiet aus. Sie versuchte, einige Therapien mit ihrer Mutter durchzuführen, doch diese war schon zu sehr im unbarmherzigen Schleier des Vergessens gefangen, konnte sich an fast nichts mehr erinnern, nicht einmal die geliebte Kaffeeplantage in Brasilien. Während dieser düsteren Zeit gründete Silvia das sogenannte Silviahem, eine Einrichtung für Demenzkranke nicht weit vom Schloss Drottningholm entfernt. Dort wurde auch Alice Sommerlath tagsüber betreut, die Nächte verbrachte sie im Schloss.

Für Silvia war es eine Selbstverständlichkeit, für ihre Mutter da zu sein und ihr etwas von der Liebe und Herzenswärme zu geben, mit der die Brasilianerin ihre Tochter ihr Leben lang begleitet hatte. Als ihre Enkel noch klein waren, hatte sie immer wieder Monate im Schloss verbracht, wenn das Königspaar seinen Verpflichtungen nachging, und sich um die Kinder gekümmert. So war auch die enge Bindung zwischen Alice und Victoria entstanden. Alice war außerdem Victorias Deutschlehrerin, und als sie noch in Heidelberg wohnte und ihre Gesundheit es zuließ, hatten Großmutter und Enkelin viele Reisen durch Deutschland unternommen. Nun, Anfang 1997, war sie nicht mehr ansprechbar und dem Tode geweiht. Silvia verbrachte viele Stunden an ihrer Seite, und auch Victoria reiste einige Male aus Frankreich nach Schweden, um bei ihrer Großmutter zu sein.

Man kann sicher die Trauer und die Sorge ermessen, die Victoria in den Wochen nach Prinz Bertils Tod gequält haben. Ein enger Vertrauter und Verwandter war gerade gestorben, und der Tod der nächsten wichtigen Bezugsperson zeichnete sich schon ab. Als Alice Sommerlath im März 1997 schließlich starb, war die gesamte Familie an ihrer Seite und nahm liebevoll Abschied. Fünf Tage später wurde sie in Heidelberg bestattet, und Victoria, selbst krank vor Trauer, musste nun ihre Mutter stützen und ihr beistehen.

Nach der Beerdigung kehrte Victoria nach Frankreich zurück, aufgewühlt, verstört, erschüttert und voller Kummer über den Tod zweier wichtiger Menschen in ihrem Leben. In Frankreich erwartete man von ihr, dass sie ihre Studien in demselben hohen Tempo und mit derselben Leistung fortsetzte wie im Herbstsemester, doch das konnte sie einfach nicht. Alles in ihr war aus dem Gleichgewicht geraten, sie hatte immer noch keinen Kontakt zu ihren Freunden in Stockholm und niemanden, mit dem sie über das Chaos in ihrer Seele reden konnte. Sie fühlte sich einsam und verloren, ein Gefühl, das sie sehr lange nicht mehr verlassen sollte.

Im Sommer 1997 kehrte sie nach Schweden zurück, nicht nur innerlich verändert. Während der letzten Monate in Frankreich, in denen alles düster und freudlos erschien, war sie auch immer unzufriedener mit ihrem Aussehen und vor allem mit ihrem Körper geworden. Immer wieder stellte sie sich die Frage: Wer bin ich eigentlich? Wen sehe ich da im Spiegel? Und was sie sah, war ein vermeintlich dickes, hässliches Mädchen ohne Persönlichkeit, ohne direkte Kontrolle über ihr Leben, ständig die Erwartungen anderer Menschen erfüllend.

Der typische Weg in die Magersucht begann – mehr Sport, bewusstere Ernährung. Noch mehr Sport, noch weniger Essen. Schon als Victoria zwischen den Semestern über Weihnachten in Schweden war, war ihr Gewichtsverlust ins Auge gefallen, doch Carl Gustaf und Silvia erklärten es sich mit typischen Gewichtsschwankungen bei jungen Frauen; außerdem war die Gewichtsabnahme noch in einem völlig gesunden Rahmen. Erst im Sommer erkannten sie, dass ihre Tochter ernsthaft erkrankt war. Und auch Victoria wurde erst jetzt langsam bewusst, dass etwas mit ihr nicht stimmte, doch sie war schon zu tief in ihrer Krankheit gefangen, um noch umkehren zu können.

Victoria war bei ihrer Rückkehr aus Frankreich immer noch sehr unglücklich, hatte weiterhin keinen Kontakt zu ihren früheren Freunden und konnte darüber hinaus Daniel Collert nicht vergessen, auch wenn ihr klar war, dass sie nicht mehr zueinander finden würden, dass eine Beziehung zu kompliziert wäre. Doch das Herz sprach eine andere Sprache als der Kopf …

Um diese düsteren Gefühle zu kompensieren, stürzte sie sich in das einzige, was ihr ihrer Meinung nach blieb – die Arbeit. Sie versuchte eisern, die von außen an sie gestellten Erwartungen zu erfüllen, ihre Rolle als Thronfolgerin und Stellvertreterin ihres Vaters perfekt zu verkörpern. Neben den offiziellen Verpflichtungen begann nun auch ihre sogenannte »Königinschule«, ein speziell für sie zusammengestelltes Ausbildungsprogramm, dessen verschiedene Stationen sie auf ihre zukünftige Rolle als Schwedens Königin vorbereiten sollen.

Als Erstes sollte sie im Herbst den Reichstag und die Regierungsgeschäfte kennenlernen, des Weiteren die verschiedenen Ministerien und sonstigen Ämter, die an der Regierung beteiligt sind. Den Sommer über nahm sie die verschiedensten Repräsentationspflichten wahr, die sie mit Bravour absolvierte. Von allen Seiten schallte ihr Lob entgegen, vor allem auch von ihrem Vater.

Tragischerweise bestärkte dies nur den tückischen Kreislauf ihrer Krankheit. Sie magerte ab, weil ihr Selbstbewusstsein und ihr Selbstwertgefühl gestört waren, doch durch die gefeierten öffentlichen Auftritte erhielt ihr Selbstbewusstsein einen großen Schub.

Weil sie noch mehr davon wollte und brauchte, lud sie sich noch mehr Termine auf die immer schmaler werdenden Schultern. Und nahm immer weiter ab. Außerdem wollte sie allen beweisen, wie tüchtig und fähig sie war, sie stellte an sich selbst die höchsten Ansprüche und hatte das Gefühl, unzählige Erwartungen von außen erfüllen zu müssen.

Später sagte sie über diese schlimme Zeit, dass sie sich

so unendlich zerrissen gefühlt habe, alle hätten Erwartungen an sie gehabt, und niemand habe wahrgenommen, was sie selbst eigentlich wollte. Sie hatte sich nach den Vorstellungen anderer zu richten, in ihrem Verhalten, ihren Terminen, musste immer perfekt sein – das Einzige, worüber sie noch die Kontrolle hatte, war das Essen. Und so rutschte sie immer weiter in die gefährliche Magersucht.

Sie selbst sagte über diese Zeit: »Es gab in meinem Leben eine Zeit, in der ich mir sehr einsam und verloren vorkam. Als Mensch fühlte ich mich gut. Aber als Kronprinzessin befand ich mich nicht im Einklang mit mir selbst. Da kamen plötzlich Essstörungen. Mein Leben wurde damals von anderen, nur nicht von mir bestimmt. Die Kontrolle über das Essen war das Einzige, was mir noch geblieben war. Es war meine Art, mit meiner ständigen Angst umzugehen. Es ist schwer zu erklären, warum ich damals so handelte. Ich hasste meinen Anblick. Erst während meines Aufenthaltes in Amerika lernte ich, wie ich mein Privatleben wieder unter Kontrolle bringen konnte. Heute befinden sich Victoria und die Kronprinzessin nicht mehr im Wettstreit miteinander. Aber eigentlich bin ich dankbar, dass diese Krise so früh in mein Leben gekommen ist.«

Nicht nur auf offizieller Ebene sah sie sich massivem Druck ausgesetzt, auch privat. Die Zeitungen spekulierten immer offener über mögliche königliche Partner für die schwedische Kronprinzessin. Besonders gern wurde ihr eine Romanze mit dem griechischen Prinzen Nikolaos angedichtet, mit dem sie jedoch nichts weiter als eine normale Freundschaft verband. Auch der spanische Kronprinz Felipe war ein heißer Kandidat für Victorias Herz – zumindest in den einschlägigen Wochenzeitungen. Victoria erklärte wiederholt, dass sie selbst ihren zukünftigen Ehemann wählen und im Moment sowieso andere Prioritäten setzen würde.

Im Herbst begann sie dann wie geplant mit den ersten Stationen ihrer Ausbildung. Eine Woche Praktikum im Reichstag, einen Monat Praktikum in der Regierungskanzlei, außerdem Reisen zur UN nach New York, Praktikum bei der EU in Brüssel sowie diverse offizielle Repräsentationstermine – wie die Prinzessin diesen Herbst in ihrem körperlichen Zustand überstanden hatte, war ein kleines Wunder. Hier folgt ein Auszug aus ihrem Terminkalender, der jedoch bei weitem nicht vollständig ist:

August
15.: Tall Ships Race in Göteborg
16.: Konfirmation von Prinzessin Madeleine in der Klosterkirche von Vadstena
20.: Värmland Classic Festival in Karlstad
21.: Astrid Lindgren wird die Auszeichnung »Schwedin des Jahres weltweit« verliehen.
25.: Besuch in Norsjö
27.: Mittag- und Abendessen mit dem IOC-Präsidenten
29.: Jugendfestival in Nyköping

September
9.–11.: Reise mit der Inlandsbahn
13.: Premiere von Tschechows »Der Kirschgarten«
im Königlichen Dramatischen Theater
14.: Verleihung des »Preis des Königs« auf der
Galopprennbahn in Täby
15.: Mittagessen mit dem thailändischen
Kronprinzen
16.–19.: Praktikum im Reichstag
29.–30.: Praktikum bei Ministerpräsident
Göran Persson in der Regierungskanzlei

Oktober
1.–2.: Praktikum bei Ministerpräsident
Göran Persson in der Regierungskanzlei
2.: Besuch des Historiska Museet
4.–5.: Königliche Hochzeit in Spanien
6.–8.: Praktikum im Justizministerium
9.: Einweihung einer Ausstellung im Historiska
Museet
10.: Einweihung des Experimenthauses in Växjö
16.–17.: Besuch der EU in Brüssel
18.–25.: Aufenthalt in Belgien

November
10.–18.: New York und UN

Bei allen ihren Stationen wurde sie überschwenglich gelobt für ihre Kraft, ihre Intelligenz, ihr Engagement. Um diesen hohen Ansprüchen zu genügen, lernte sie Abend für Abend wie besessen weiter, vor allem Französisch und Politikwissenschaft. Sie hatte jegliches Gefühl für sich und ihren Körper verloren, sah keine Verbindung mehr zu ihren Freunden, ihrem früheren Leben, war vollkommen losgelöst von allem, was sie früher ausgemacht hatte. Es zählten nur noch die Arbeit – und so perfekt wie möglich zu sein.

In diesem Herbst und vor allem nach ihrem New-York-Besuch im November begannen die Zeitungen vorsichtig über ihr stark verändertes Erscheinungsbild zu schreiben, doch eine offizielle Bestätigung der Essstörung der Prinzessin erteilte der Hof erst, nachdem Victorias Auftritt auf dem Innocence-Ball im *Grand Hôtel* in Stockholm für Aufruhr und Bestürzung gesorgt hatte und sich ihre schwere Krankheit schlicht nicht länger leugnen ließ.

Am 28. November ging folgende Meldung durch die Presse:

Kronprinzessin Victoria leidet an Essstörungen, wie der Hof vergangenen Freitag bestätigte. Die Kronprinzessin ist in Behandlung, und der Hof bittet die Medien, Victoria in Ruhe zu lassen.

Die Medien hielten sich tatsächlich an die Bitte des Hofes und behandelten das Thema äußerst behutsam. Sogar der Modekonzern H&M nahm Rücksicht und tauschte in letzter Sekunde die knochendürre Georgina Grenville, das Starmodel für seine Weihnachtskampagne, gegen die etwas rundere Sophie Dahl aus, um kein falsches Signal an die Öffentlichkeit und vor allem an Victoria zu senden.

Königin Silvia äußerte sich in einem Interview aus dem Jahr 2000 folgendermaßen zur Magersucht ihrer Tochter: »Wir hatten beobachtet, dass Victoria wie viele Mädchen in ihrem Alter mal zu- oder abgenommen hatte. Wie die meisten Eltern haben mein Mann und ich uns auch die Frage gestellt: Warum? Aber dann ging es plötzlich rasend schnell. Victoria kann es selbst noch nicht erklären. Ich habe mich ausführlich informiert und über dieses Thema sehr viel gelesen. Es sind meistens junge Mädchen, die aufgeweckt und intelligent sind, hohe Ansprüche an sich stellen und an die darum sehr hohe Erwartungen gestellt werden. Das kann dazu führen, dass diese Mädchen sich unter einen wahnsinnigen Druck setzen. Victoria ist sehr tüchtig. Das merken Menschen und erwarten sehr viel von ihr. Victoria spürte das und hungerte sich in diese Verzweiflung.«

Eigentlich sollte Victoria nach Bekanntwerden ihrer Krankheit eine Pause einlegen, doch das konnte sie nicht, trieb sich immer weiter an und absolvierte starrköpfig die letzten großen Termine des Jahres, darunter das Nobel-Dinner, zu dem sie in einem langärmeligen violetten Kleid erschien, das ihren schlechten Gesundheitszustand allerdings auch nicht verbergen konnte. Die Prinzessin war dünner als je zuvor.

Doch wie und wo sollte Victoria Heilung für ihre Krankheit finden? Der nächste Abschnitt ihrer Ausbildung sah ein Studium in Uppsala vor, doch dort würde sie keine ruhige Minute haben. Man beschloss daher, sie in die USA zu schicken, wo eine relative Anonymität gewährleistet sein und sie professionelle Hilfe bekommen würde. Die Wahl fiel auf die renommierte Yale-Universität, an die ein medizinisches Zentrum angeschlossen war, in dem Victoria betreut werden konnte. Durch seine Kontakte konnte Carl Gustaf seiner Tochter einen Studienplatz dort verschaffen und vor allem auch ihrer – mittlerweile wieder – besten Freundin Caroline Svedin. Denn man war sich einig, dass Victoria nicht allein in die Ferne reisen sollte, sondern mit einer Vertrauensperson.

Zu Beginn des Jahres 1998 flogen Victoria, Caroline und zwei Leibwächter unter strengster Geheimhaltung nach New York. In Schweden ging man immer noch davon aus, dass sie nach Neujahr ihr Studium in Uppsala aufnehmen würde. Die Enttäuschung war daher groß an der ältesten Universität Schwedens, als der König wenige Tage nach Semesterbeginn, zu dem Victoria nicht wie vereinbart erschienen war, bekanntgab, dass seine Tochter für einige Zeit in den USA studieren werde, um dort in aller Ruhe wieder gesund zu werden.

Währenddessen richteten sich Victoria und Caroline an ihrem neuen Wohnort Stamford ein, wo sie bei einer mit dem König befreundeten Gastfamilie wohnen sollten. Stamford ist eine Autostunde von New York entfernt, klein und exklusiv. Das gemütliche Holzhaus der Gastfamilie lag ein wenig abgeschieden, und auf dem Grundstück befand sich ein Gästehaus, das die beiden jungen Frauen bezogen. Überaus herzlich wurden sie von ihren Gasteltern und den Ortsbewohnern in Empfang genommen. Es hatte sich bereits herumgesprochen, dass eine schwerkranke Prinzessin aus Europa in ihrem Ort wohnen würde, um sich zu erholen, und man versicherte ihr liebevoll: »Wir werden uns um dich kümmern.«

Yale war genau das Richtige für Victoria – groß und anonym, an prominente Studierende gewöhnt, die medizinische Betreuung gleich angeschlossen. Sie belegte Kurse in den Fächern Französisch, Geologie und amerikanische Geschichte, und in ihrer Freizeit beschäftigte sie sich mit Kunst und lernte in New York das Glasbläserhandwerk. Bald hatten sie und Caroline Svedin eine tägliche Routine etabliert und verbrachten die Nachmittage in einem nahegelegenen Einkaufszentrum, genossen das freie Leben (natürlich dennoch immer in Begleitung von Leibwächtern). Caroline war eine große Stütze für ihre Freundin, und Victoria wusste, dass sie sich blind auf sie verlassen konnte, dass sie sie niemals enttäuschen und ihr Vertrauen missbrauchen würde. Doch zu vielen anderen Freunden hatte sie immer noch keinen Kontakt, immer noch standen zu viele private Details über ihr Leben in den Zeitungen, die nur aus ihrem engsten Bekanntschaftskreis stammen konnten.

Die ersten drei Wochen konnte sie sich vollkommen frei und ungestört auf dem Campus bewegen, doch dann veröffentlichte die *Yale Daily News*, die von Studenten betriebene Universitätszeitung, einen großen Artikel über die schwedische Prinzessin, die an ihrer Hochschule studierte. Carl Gustaf und Silvia waren außer sich, man fürchtete, dass nun, nachdem das sorgsam gehütete Geheimnis um den Aufenthaltsort ihrer kranken Tochter gelüftet war, Scharen von Journalisten Yale belagern würden. Doch o Wunder – die gesamte schwedische Presselandschaft hielt sich zurück. Erst einige Monate später landete Victoria wieder in den Schlagzeilen – doch nicht wegen ihrer Gesundheit, sondern wegen … der Liebe.

Daniel Collert und Victoria standen auch nach ihrer Trennung noch in engem Kontakt, und er war ihr wichtigster Ansprechpartner, als es ihr im Herbst 1997 so unendlich schlecht ging. Er war auch einer der ersten, der von ihren USA-Plänen erfuhr. In aller Heimlichkeit begann er daraufhin, seinen eigenen Umzug in die USA vorzubereiten, um Victoria in dieser schweren Zeit zur Seite zu stehen – als Freund, nicht als potenzieller Partner. Erst als er durch Kontakte seines Stiefvaters ein kleines Apartment in Manhattan organisiert und einen Großteil seiner Sachen dorthin hatte transportieren lassen, teilte er Victoria seine Pläne mit, die davon verständlicherweise etwas überrumpelt war.

Zuerst wollte sie ihn von seinem Vorhaben abbringen, da sie Schuldgefühle hatte, weil er ihretwegen seine ganzen Pläne in Schweden auf Eis legte. Doch er wollte an ihrer Seite sein und zog im Februar 1998 nach New York.

Offiziell studierte Daniel an der renommierten Lee-Strasberg-Schule Theater und Schauspiel, doch zumindest seine engsten Freunde in Schweden wussten, dass Victoria der Grund für seinen Umzug war.

Schon an seinem ersten Wochenende in Amerika trafen sich die beiden, und in den nächsten Wochen wurde er zu ihrer größten Stütze, gab ihr Halt, hörte ihr stundenlang zu. Er selbst hatte in den USA auch eine Therapie begonnen, um die lange verdrängte Trauer um den Tod seiner Eltern aufzuarbeiten. Nachdem nach seinem Vater auch seine Mutter an Krebs gestorben war, hatte er den Schmerz beiseitegeschoben und sich vor allem mit Kneipenbesuchen und anderen Freizeitaktivitäten abgelenkt. Nun war es an der Zeit, diese Wunde in seiner Seele heilen zu lassen. Victoria und er befanden sich also in derselben Situation, lernten in ihren Therapien viel über sich selbst und konnten sich gegenseitig Halt geben.

Einige Monate später bei einem Besuch seines Stiefvaters und einem gemeinsamen Essen wurde dann auch schnell klar, dass die beiden doch nicht nur Freunde waren, wie sie es eigentlich beschlossen hatten, sondern im Sturmschritt auf einen neuen Beziehungsversuch hinsteuerten. In Schweden wusste davon niemand, am allerwenigsten Victorias Vater. Und auch in den USA hielten sie es so geheim wie möglich, doch einige Monate später änderte sich alles.

Eines Abends gingen Victoria und Daniel ins *Indochine*, eine Mischung aus asiatischem Restaurant und Nachtclub, das Freunden der beiden gehörte und wo sie sich ungestört aufhalten konnten. Dass genau an diesem Abend eine Gruppe schwedischer Journalisten das Restaurant besuchte und das prominente Paar irgendwann gesehen werden musste – damit hatte wirklich keiner rechnen können. Es kam, wie es kommen musste, heimlich wurde ein Foto von Victoria aufgenommen, wie sie ihren Freund auf die Wange küsst. Natürlich verursachte die Aufnahme in Schweden großen Wirbel, und der König war alles andere als erfreut, seine Tochter mit einem zwar integren Mann, aber nicht ihrem offiziellen Freund, in einem New Yorker Nachtclub sitzen und ihn auch noch küssen zu sehen.

Als Victoria einige Zeit später zu ihrem Geburtstag und dem traditionellen Sommerurlaub nach Öland reiste, hatten sich die Wogen zum Glück wieder geglättet, und ihre Familie empfing sie liebevoll und festlich. Alle waren froh, eine so gut erholte und mit einem ganz neuen Selbstbewusstsein ausgestattete Victoria zu sehen.

Die Zeit in Yale hatte ihr so gut getan, dass sie noch länger in den USA bleiben wollte. Nach zwei herrlichen Monaten in Schweden kehrte sie also nach Stamford zurück und belegte in Yale Kurse in Politikwissenschaft und Kunst sowie Konversationskurse in Französisch und Deutsch. Sie genoss die Zeit und die Beziehung zu Daniel, auch wenn es sie sehr beschäftigte, dass sie sich nicht offen mit ihm zeigen konnte. Doch solange er nicht von ihren Eltern als der offizielle Freund anerkannt wurde, mussten sie sich bedeckt halten.

Allerdings musste sie auch diesen glücklichen Auslandsaufenthalt wegen eines Todesfalls unterbrechen – Björn Kreuger, der Vater ihrer anderen besten Freundin Caroline und bester Freund König Carl Gustafs starb im April 1999 überraschend innerhalb weniger Wochen an Krebs. Victoria reiste nach Schweden, um ihren trauernden Eltern und ihrer Freundin beizustehen. Wieder einmal kehrte sie nach der Beerdigung unglücklich in ein Auslandsjahr zurück, doch hatte dieser Trauerfall zum Glück keine so dramatischen Auswirkungen wie die im Vorjahr erlittenen Verluste.

Zurück in Amerika litt Victoria immer mehr darunter, sich nicht öffentlich mit Daniel zeigen zu können, und ergriff schließlich die Initiative, indem sie sich offen mit ihrem Freund als Paar zeigte, als sie in Manhattan an einer Society-Hochzeit im Freundeskreis teilnahmen. Damit schaffte sie zum ersten Mal klare Tatsachen und setzte den Gerüchten ein Ende – auch wenn sie immer noch nicht offiziell bestätigte, dass er ihr Freund war. Dies geschah erst einige Monate später, als sogar das Königspaar in Schweden endlich offen und beiläufig von Daniel als dem Freund ihrer Tochter sprach.

Eine Verlobung war aber nach wie vor ausgeschlossen, so dass Daniel und Victoria mal wieder zur Sprache des Schmuckes griffen: Sie tauschten in einer privaten Zeremonie Ringe aus Weißgold, in die »Daniel & Victoria, NY, Mai 1999. Forever« graviert war. Wie schon damals mit dem Goldaffen, drückten sie auch jetzt ihre Gefühle füreinander mit edlem Metall aus.

Victoria war so stark und in sich ruhend wie nie zuvor, als sie nach etwas über zwei Jahren in den USA beschloss, nach Schweden zurückzukehren und sich dort voll und ganz ihrer Aufgabe als Thronfolgerin zu widmen.

Nach ihrer Rückkehr bezog sie eine eigene fünfundsechzig Quadratmeter große Zwei-Zimmer-Wohnung im Seepavillon auf Schloss Drottningholm, einem kleinen Gebäude etwa fünfzig Meter vom Schloss entfernt, was eine große Erleichterung für sie darstellte. Sie sagte einmal, dass die wichtigste Zeit des Tages für sie das Frühstück wäre, und das wolle sie vollkommen allein und in Ruhe genießen. Danach sei sie bereit für die Welt. Außerdem begann sie, mit voller Kraft an der Seite des Königspaares zu arbeiten. Sie bekam ein eigenes Büro im Königlichen Schloss in Stockholm und arbeitete eng mit Elisabeth Tarras-Wahlberg zusammen. Des Weiteren war sie nun ein fester Bestandteil der wöchentlichen Planungssitzung des Königspaares und seines Hofstabes. Jeden Dienstag setzt man sich für mehrere Stunden zusammen, bespricht die Ereignisse der letzten Woche, verteilt die unzähligen Anfragen und Einladungen zu offiziellen Anlässen, plant die anstehende Woche, bespricht Reisevorbereitungen, Staatsempfänge und und und. Der König war unheimlich stolz auf seine tüchtige Tochter, die für ihn jetzt erwachsen und gleichrangig geworden war. Sie war nun eine seiner wichtigsten Mitarbeiterinnen, was er ihr auch deutlich vermittelte.

Je stärker und selbstbewusster sie an der Hofarbeit teilnahm, desto sicherer wurde sie auch im Umgang mit den Medien. Bei der Expo 2000 in Hannover äußerte sie sich gegenüber einem schwedischen Journalisten ganz offen und ungezwungen und bestätigte offiziell, dass sie und Daniel Collert ein Paar waren, etwas, das sie schon sehr lange tun wollte. Der Hof war – gelinde gesagt – überrumpelt, ihre Äußerungen waren nicht einmal mit Pressesprecherin Elisabeth Tarras-Wahlberg abgesprochen, und so blieb nichts anderes übrig, als auch von höfischer Seite die Beziehung zu bestätigen. Victoria war überglücklich und träumte von einer glänzenden Zukunft mit Daniel an ihrer Seite.

Doch gerade nach der offiziellen Bekanntgabe, auf die Victoria so lang hingearbeitet hatte, verschlechterte sich das Verhältnis zwischen den beiden. Daniel war nicht mit ihr nach Schweden zurückgekehrt, sondern hatte an der Columbia University ein Psychologie-Studium begonnen. Er besuchte seine Freundin zwar regelmäßig in Schweden, doch seit Victoria ihre Beziehung offiziell gemacht hatte, war ihr Verhältnis belastet. Daniel störte die übermäßige Öffentlichkeit an der Seite einer Kronprinzessin nun noch in weit größerem Maße als früher. So hatte er sich sein Leben nicht vorgestellt.

Im Frühling 2001 trennten sie sich schließlich ein zweites Mal, blieben jedoch auch diesmal wieder enge Freunde. Bis heute haben sie einen sehr guten Kontakt, und Victoria betont immer wieder, wie sehr er ihr in der schlimmsten Zeit ihres Lebens geholfen habe.

Nach der Trennung stürzte sie sich dann nur noch mehr in die Arbeit, entwickelte ein großes Interesse fürs Tauchen und verbrachte viel Zeit mit den Freunden, denen sie in den letzten Monaten wieder nähergekommen war. Außerdem lernte sie viele neue Leute kennen, darunter zum Beispiel Künstler wie Ernst Billgren oder den Eurodance-Musiker E-Type, der ihr zu ihrem vierundzwanzigsten Geburtstag extra ein Lied schrieb, das von ihren Freundinnen Caroline Kreuger, Caroline Tamm, Anna

Jussil und Victoria Larsson ihr zu Ehren auf Öland vorgetragen wurde.

Natürlich wurde ihr auch ständig die Frage nach einer eventuellen neuen Beziehung gestellt, was sie immer wieder mit einem Lächeln abschmetterte und betonte, dass sie keine Eile habe und sich auf andere Dinge konzentrieren wolle. Vor allem natürlich ihre Arbeit und ihre Ausbildung. Was sie am allerwenigsten brauchen konnte, war nach den turbulenten letzten Monaten mit Daniel eine neue Beziehung.

Neben Praktika in der Regierungskanzlei und den Ministerien lernte Victoria auch die Arbeit der EU in Brüssel kennen, da Schweden im Jahr 2001 den EU-Ratsvorsitz übernommen hatte. Außerdem hatte sie ausdrücklich darum gebeten, diverse große Repräsentationsreisen unternehmen zu dürfen, was sie in diesem Jahr unter anderem nach Jordanien und Japan führte. In Tokio warb sie zusammen mit zweihundert Ausstellern auf der Messe »Swedish style in Tokyo« für ihr Heimatland und absolvierte souverän einen wahren PR-Marathon. Fotografen und Journalisten stürzten sich buchstäblich auf die bezaubernde und selbstbewusste Prinzessin. Victoria war nun wirklich in ihrer Rolle als Thronfolgerin und Repräsentantin des schwedischen Volkes angekommen.

Neben der Repräsentation schwedischer Lebensart stand bei diesem Besuch aber auch das Kennenlernen japanischer Sitten und Gebräuche im Mittelpunkt und zu Victorias großem Schrecken ein Besuch beim Kaiserpaar. Sie sagte in diesem Zusammenhang von sich, dass sie so spontan und natürlich sei, und man ja genau das nicht in Japan sein dürfe, vor allem nicht gegenüber dem Kaiserpaar. In solchen Situationen, wo sie oft nicht wisse, wie sie sich zu verhalten habe, würde ihr dann der Gedanke helfen, dass sie einfach irgendetwas tun müsse, sie könne sich nicht umdrehen und gehen, sondern müsse der Situation souverän ins Auge blicken. Und wie gut sie das beherrscht, sieht man bei allen ihren öffentlichen Auftritten.

5

DANIEL WESTLING

»Aus Freundschaft wurde Liebe«

Victoria war im Sommer 2000 mit großem Selbstbewusstsein aus den USA zurückgekehrt, kein neuer Mensch, sie war immer noch Victoria, doch sie war in den zwei Jahren in Amerika wirklich erwachsen geworden und hatte ihre Dämonen hinter sich gelassen.

Ihre Schwester Madeleine sagte über diese Verwandlung: »Victoria war so offen und souverän geworden; sie konnte sich mit jedem unterhalten. Sie hatte sich definitiv verändert, und ich wollte nur so werden wie sie.«

Auch ihr Körpergefühl war durch die glückliche und entspannte Zeit in den USA wieder sehr viel besser geworden. Um es sich auf gesundem Wege zu erhalten, wollte sie in einem Fitnessstudio trainieren, scheute jedoch die Aufmerksamkeit, die sie in normalen Studios erregen würde. Doch als ihre Schwester Madeleine und ihre Freundin Caroline Kreuger ihr im Sommer 2001 von einem exklusiven und äußerst diskreten Club namens Master Training mitten in Stockholm erzählten, bei dem sie beide sehr zufriedene Mitglieder waren, erwachte Victorias Neugier.

Master Training ist eines der teuersten und abgeschirmtesten Studios der Stadt. Es gibt keinerlei Werbung dafür, man setzt auf reine Mundpropaganda der angesprochenen Klientel. Seine Mitglieder rekrutieren sich aus den Spitzen der Stockholmer Gesellschaft – Wirtschaftsbosse, Politiker, VIPs und viele andere, die in Ruhe trainieren wollen. Mitglied kann nur werden, wer zwei Empfehlungsschreiben von bereits angenommenen Mitgliedern aufweisen kann; außerdem muss der Aspirant meistens noch ein persönliches Interview mit den Besitzern Benny Johansson und Daniel Westling führen. Ein hochrangiger Mitarbeiter der Tageszeitung *Aftonbladet* wurde zum Beispiel nicht aufgenommen, da der Verdacht nahelag, dass die Mitgliedschaft nicht nur privaten Zwecken dienen solle.

Dass solche Exklusivität kostet, ist selbstverständlich – der Jahresbeitrag lag damals bei 12 000 Kronen, etwa 1250 Euro. Eine Stunde bei einem persönlichen Trainer kostete 400 Kronen, etwa 42 Euro.

Nachdem die schwedische Sicherheitspolizei Säpo die Räumlichkeiten inspiziert und für die Prinzessin freigegeben hatte, stand Victorias erster Besuch bei Master Training an. Nach Anmeldung an der Rezeption kam ein junger, durchtrainierter Mann in Trainingskleidung und Kapuzenjacke auf sie zu und stellte sich mit einem festen Händedruck vor: »Hallo, ich heiße Daniel Westling und werde Ihr Personal Trainer sein.« Als Teilhaber arbeitete Daniel mittlerweile die meiste Zeit im Büro, doch für einige wichtige Kunden kehrte er gern in die Trainerrolle zurück.

Nach der Begrüßung führte er Victoria in den etwa dreihundert Quadratmeter großen Räumlichkeiten in der Regeringsgatan 65 herum, zeigte ihr Umkleiden, Maschinen, Bar etc.

Victoria war von der ruhigen und entspannten Atmosphäre überrascht, man kannte sich untereinander, es herrschte eine familiäre Stimmung. Die Einrichtung war ganz auf die vermögende Zielgruppe von 40+ angelegt, mit CNN auf den Fernsehschirmen und leiser Hintergrundmusik. Von lautem Techno und Muskelprotzen in engen T-Shirts keine Spur.

Vom ersten Moment an fühlte sie sich wohl, vor allem in Daniels Gesellschaft, der vollkommen unbeeindruckt von seinem königlichen Gast zu sein schien, sondern Victoria professionell und sachlich begegnete. Wie es in seinem Inneren ausgesehen haben mag an diesem Tag, ist eine andere Sache …

Er stellte Victoria detaillierte Fragen – wie sie sich ihr Training in seinem Studio vorstelle, was ihre Ziele seien, wie oft sie kommen wolle, wie sie früher trainiert habe – und konzipierte mit ihr zusammen einen Übungsplan, der neben Stärke- und Ausdauertraining auch ihre Ernährung umfasste.

Victoria war beruhigt von seiner souveränen Ausstrahlung und der absoluten Diskretion des Clubs. Sie wollte auf gar keinen Fall, dass Informationen oder gar Bilder von ihr an die Presse gerieten, da dies unter anderem nur die Gerüchte über eventuelle neuerliche Essstörungen anheizen würde.

Die ersten gemeinsamen Stunden verliefen ein wenig nervös und angespannt, denn für beide war die Situation ungewohnt.

Daniel kannte zwar Prinzessin Madeleine und andere dem Königshaus nahestehende Leute, doch Victoria war immerhin die Kronprinzessin. Für sie wiederum war es ungewohnt, mit anderen Menschen in einem großen Studio zu trainieren, weshalb sie und Daniel am Anfang diverse Stunden nach den eigentlichen Öffnungszeiten des Master Training abhielten. Oft trainierten sie bis spät in den Abend hinein.

Und langsam wandelte sich das professionelle Verhältnis zu einer Freundschaft, als beide merkten, wie gut sie miteinander reden konnten und wie wohl sie sich in der Gesellschaft des anderen fühlten. Victoria versuchte in dieser Zeit alles, ihr Training in ihren vollen Terminplan zu integrieren, was schon ein wenig Verwunderung im Freundeskreis hervorrief. Was da noch keiner ahnte – Victoria hatte sich verliebt, ganz heimlich, still und leise und von ihr selbst auch fast unbemerkt.

Im Herbst 2001 begann gleichzeitig mit der sich anbahnenden Freundschaft mit Daniel ein neuer Abschnitt ihrer »Königinschule«. Nach Praktika und Studienbesuchen sowohl bei der schwedischen Regierung und seinen Ministerien als auch bei Schwedens internationalen Vertretungen in Brüssel und bei den Vereinten Nationen in New York, nahm Victoria nun in Uppsala ein Studium der Friedens- und Konfliktforschung auf, was sie mit Feuereifer betrieb und wo sie viele neue Leute kennenlernte. Die aus fünfundzwanzig Nationen stammenden dreißig Teilnehmer am Herbstsemesterkurs waren handverlesen, vielen stand bereits eine Karriere im Außenministerium beziehungsweise im diplomatischen Dienst bevor. Zentrale Themen dieses Studiengangs waren die

Analyse und Hintergründe von bewaffneten Konflikten und damit verbundenen politischen und sozialen Prozessen, Fragen wie »Wie erkennen Staaten Gefahren für ihre Sicherheit und wie gehen sie damit um?«, »Warum greifen Staaten oder andere Gruppen von Menschen zu Waffengewalt, um politische Konflikte zu lösen?«, »Wie werden Friedensprozesse am sinnvollsten angelegt und durchgeführt, um eine dauerhafte Lösung für bewaffnete Konflikte zu finden?« oder »Welchen Herausforderungen müssen sich Gesellschaften bzw. Staaten nach einem Bürgerkrieg stellen?«.

Im Frühjahr 2002 beschäftigte sich Victoria darüber hinaus intensiv mit der Arbeit von SIDA (Styrelsen för internationellt utvecklingssamarbete), der schwedischen Zentralbehörde für internationale Entwicklungszusammenarbeit mit Sitz in Stockholm, die an das Außenministerium gekoppelt ist und mit hundertzwanzig Ländern in Afrika, Asien, Lateinamerika und Osteuropa zusammenarbeitet.

Victoria reiste mit SIDA nach Ostafrika und lernte dort in Uganda und Äthiopien hautnah die tägliche Arbeit der Entwicklungshilfeorganisation kennen. Mitreisende Journalisten waren begeistert von ihrer Natürlichkeit und Bescheidenheit; so wählt sie auf Reisen nicht automatisch das teuerste Hotel, sondern wohnt lieber in ganz normalen Mittelklasseunterkünften.

SIDA engagiert sich in Äthiopien vor allem in Demokratisierungsprozessen, mobilen Schulen, um Bildung selbst für die ärmsten und am abgelegensten wohnenden Kinder zu gewährleisten, und auf dem Gesundheitssektor. Auch in Uganda arbeitet man vor allem mit friedlichen Lösungen zur Demokratisierung, Schaffung von sauberem Trinkwasser, Unterstützung der größten Universität des Landes, Kampf gegen AIDS und die Einrichtung von Fair-Trade-Kooperativen.

Nach ihrer Rückkehr war Daniel Westling einer der Ersten, mit denen sie sich traf, um die neuen Eindrücke zu teilen.

Langsam, fast unmerklich, hatte sich ihr Verhältnis gewandelt. Aus der tiefen Freundschaft war mehr geworden, viel mehr. Schon seit einiger Zeit hatten sie sich auch privat getroffen, was mit einer schüchternen Frage Daniels nach einem Kinobesuch oder einem Kaffee nach dem Training begonnen hatte. Beide hatten zu Beginn Angst, die Freundschaft durch eine Beziehung zu zerstören, doch die Gefühle füreinander waren schlussendlich stärker.

Ein halbes Jahr lang trafen sie sich in aller Heimlichkeit, entweder in seiner Wohnung in Östermalm oder bei seinen Eltern in dem kleinen Ort Ockelbo. Nicht einmal ihre engsten Freunde wussten von der Beziehung, nur Victorias Leibwache war natürlich informiert und wurde zu ihren Mitverschwörern.

Als Victoria das erste Mal zu Besuch bei der Familie Westling war, fühlte sie sich sofort wohl und willkommen bei den beiden herzlichen Menschen Olle und Eva Westling. Jetzt wusste sie auch, woher Daniel seine Bodenständigkeit und Sicherheit hatte, die er so wunderbar auf sie und andere Menschen übertragen kann. Wer in einem solch liebevollen und warmherzigen Haushalt aufwuchs, konnte nur zu einem liebenswerten Menschen werden.

Olle und Eva Westling nahmen Victoria mit offenen Armen in ihre Familie auf, und in Ockelbo konnte sie einfach nur die junge Frau Victoria sein, die mit ihrem Freund ein Eis essen geht, lange Spaziergänge unternimmt und auch mal das Auto der Familie Westling wäscht. Der ganze Ort hüllte sich monatelang in Schweigen, damit Daniel und Victoria vollkommen unbeschwert einfach nur sie selbst sein konnten.

Doch unweigerlich tauchten nach einigen Monaten die ersten Gerüchte auf, dass Victoria mit ihrem persönlichen Fitnesstrainer zusammen sei, und als der *Expressen* im Mai 2002 die Beziehung öffentlich machte, stellte sich ganz Schweden die Frage: Wer war dieser Daniel Westling eigentlich?

Daniel Westling wurde am 15. September 1973 als Olof Daniel Westling in Örebro geboren. Später zog die Familie ins beschauliche Ockelbo, in ein typisch schwedisches rotes Holzhaus im Smältvägen, einer ruhigen Wohngegend. Ockelbo hat etwa dreitausend Einwohner und liegt in der Provinz Gästrikland, zweihundert Kilometer von Stockholm entfernt. Es ist eine typische Arbeiter- und Mittelschichtsumgebung ohne großen Glanz, mit grauen Betongebäuden aus den Siebzigerjahren, den üblichen Supermärkten und sonstigen Durchschnittsgeschäften, eine kleine, geschlossene Gemeinschaft.

Ockelbos Spezialitäten sind Bärenschinken und geräucherter Biber. Früher wurden Schneemobile in der kleinen Gemeinde produziert, jetzt sind die größte Attraktion die Wij-Gärten, eine wunderschöne Gartenanlage, die jedes Jahr viele Touristen anzieht. Auch einige Künstler hat der Ort aufzuweisen.

Daniels Vater Olle Westling arbeitete als Chef der Altenpflege für die Gemeinde Ockelbo und später für die Gemeinde Sandviken als Sozialamtsleiter, seine Mutter Eva war bei der Post in Gävle angestellt. Eine vollkommen normale Familie also, zu der noch Schwester Anna gehörte.

Die Kinder wuchsen behütet in einem liebevollen Umfeld auf.

Schon früh entdeckte Daniel den Sport für sich und spielte Basketball, Fußball und Eishockey, für das er sich später ganz entschied. Er erwies sich als Talent, nicht überragend, doch durchaus ein fähiger und vor allem sehr engagierter Spieler, der später zu einer Stütze des Eishockeyvereins im fünfzig Kilometer entfernten Hofors wurde. Seine schulischen Leistungen waren dagegen eher mittelmäßig, in Sport war er natürlich sehr gut, auch in Mathematik, doch seine sonstigen Noten pendelten sich auf Dreier und Vierer ein. Allgemein verhielt er sich unauffällig im Unterricht. Die Perslunda-Schule in Ockelbo schloss er nach der neunten Klasse mit einem Notendurchschnitt von 3,3 ab, was in etwa auch einer Drei im deutschen Notensystem entspricht. Da es in Ockelbo kein Gymnasium gab (das in Schweden erst nach der neunten Klasse beginnt), fuhr er jeden Tag in das fünfunddreißig Kilometer entfernte Sandviken und besuchte dort für zwei Jahre den sozialen Zweig des Hammar Gymnasiums. 1991 absolvierte er sein Abitur, wieder mit durchschnittlichen Noten. Noch hatte er keinen dezidierten Berufswunsch, doch er wusste, dass er etwas mit Sport machen wollte. Er interessierte sich mittlerweile sehr für Fitnesstraining und gesunde Ernährung und trank auf den zahlreichen Partys seiner Freunde keinen Tropfen Alkohol.

Den zehnmonatigen Militärdienst leistete er als Lastwagenfahrer beim Hälsingeregiment in Gävle ab. Mit seiner ausgezeichneten körperlichen Verfassung hätte er ohne Probleme bei einer Eliteeinheit unterkommen können, doch ihm gefielen die Nähe zu Ockelbo und dass er oft zu seiner Familie fahren konnte.

Nach dem Grundwehrdienst, den er mit Auszeichnung und viel lobenden Worten abschloss, begann er ein zweijähriges Studium an der Gymnastik- und Sportfachhochschule in Lillsved bei Stockholm und arbeitete nebenher als Fitnesstrainer. 1996 zog er in die Hauptstadt und arbeitete dort als Personal Trainer, Berater und Ausbilder im Fitnesscenter Sports Club, um schon bald darauf als Trainer in das exklusive Studio Master Training in der Regeringsgatan im Stadtteil Norrmalm zu wechseln. 1999 erfüllte er sich mit seinem alten Bekannten und Kollegen Benny Johansson einen Traum und übernahm das Master Training. Daniel hatte sich in seiner Zeit als angestellter Trainer einen festen und treuen Kundenstamm aufgebaut, der seine ruhige und professionelle Art sehr zu schätzen gelernt hatte. Durch diese engen Kontakte zu oft hochrangigen Persönlichkeiten aus dem

Wirtschaftsleben war sein Interesse an einem eigenen Unternehmen im Laufe der Jahre gewachsen. Als Benny ihm 1999 vorschlug, mit ihm zusammen das Studio zu übernehmen und es zum diskretesten Fitnessclub der Stadt zu machen, war er Feuer und Flamme. Schon bald war das Master Training eines der exklusivsten und verschwiegensten Studios in der Stadt, seine Mitglieder rekrutierten sich aus den vermögendsten und höchsten Kreisen. Daniel und Benny hatten ihr Ziel erreicht, mit Durchsetzungsvermögen, Idealismus und viel, viel Arbeit.

Als die Tageszeitung *Expressen* im Mai 2002 Daniels Beziehung zu Victoria bekannt machte, begann eine gnadenlose Jagd durch die Presse auf ihn, die ihn – verständlicherweise – vollkommen überforderte und in die Flucht schlug. Traf er auf offener Straße auf Reporter, ging er wortlos vorbei, weigerte sich kategorisch, auch nur ein Wort zu sprechen oder drehte einfach um, was ihm den Ruf einbrachte, verstockt, schüchtern und allgemein seltsam zu sein. Doch wer noch nie im Leben mit einem solchen Medieninteresse konfrontiert worden ist, muss erst einmal lernen, mit dieser ungewohnten Situation zurechtzukommen. Daniel hatte außer Victoria niemanden, der ihm dabei helfen konnte, und man kann sich sicher vorstellen, wie verloren er sich zeitweise gefühlt haben mag.

Schon bald nach der Enthüllung des *Expressen* landeten Daniel und Victoria erneut groß in den Schlagzeilen. Am 11. Juli 2002 feierte Victorias Freundin Caroline

Kreuger ihren 25. Geburtstag im exklusiven Club J in Nacka, den sie für den Abend komplett gemietet hatte. Das Personal musste ein Geheimhaltungsabkommen unterschreiben, damit die Gesellschaft ungestört feiern konnte und sich keine Gedanken um eventuelle Fotos und Schlagzeilen in den Zeitungen machen musste.

Victoria war natürlich eingeladen, zusammen mit Daniel, was große Aufregung in ihrem Freundeskreis hervorrief. Endlich würde man den geheimnisvollen neuen Mann an Victorias Seite kennenlernen. Was wohl an diesem Fitnesstrainer dran war? Daniel war verständlicherweise sehr nervös vor diesem Abend, an dem er einen Großteil von Victorias Freunden erstmals treffen würde. Er, der vollkommen durchschnittliche Typ aus Ockelbo, mischte sich unter die beste Gesellschaft Stockholms. Würde er akzeptiert werden? Angefeindet? Ignoriert?

Das Motto der Party lautete »Hawaii«, weshalb Daniel in ein schrillbuntes Hawaiihemd gekleidet war; Victoria hatte sich eine Orchidee ins Haar gesteckt. Sie war ausgezeichneter Laune an diesem Abend und sichtlich stolz, Daniel an ihrer Seite zu haben. Er verhielt sich zurückhaltend und freundlich und fand nach einiger Zeit sogar ein wenig Anschluss unter Victorias engsten Freunden, die ihn nach diesem Abend auch weitgehend akzeptiert hatten.

Die Speichellecker um sie herum würden allerdings noch sehr lange abfällig vom »Bauern aus Ockelbo« sprechen.

Nach einigen Gläsern Wein war Victoria in bester Partystimmung und tanzte ausgelassen auf der Tanzfläche.

Schließlich zog sie Daniel zu sich und küsste ihn leidenschaftlich. Dabei standen sie gut sichtbar vor den großen Panoramafenstern des Clubs und wurden – wie konnte es anders sein – von Journalisten des *Aftonbladet* fotografiert, die von der Feier und ihren illustren Gästen wussten und seit dem Morgen in einem Boot auf dem Wasser am Nacka-Strand ausgeharrt hatten.

Noch ahnte Victoria nichts von der Aufregung, die am nächsten Tag über sie hereinbrechen würde, an diesem Abend war sie einfach nur glücklich. Die Geburtstagsfeier ihrer besten Freundin, Daniel an ihrer Seite, der langsam einen Platz in ihrem Freundeskreis zu finden schien – konnte das Leben schöner sein?

Am nächsten Tag sollte sie wie jedes Jahr zu ihrem Geburtstag nach Öland reisen, um dort den traditionellen Familiensommerurlaub zu verbringen und natürlich öffentlich die Glückwünsche zu ihrem »Victoria-Tag« entgegenzunehmen, der dieses Jahr zu ihrem 25. Geburtstag extra feierlich und mit vielen Ehrengästen – ihre Freundin Prinzessin Märtha Louise mit Mann Ari Behn wurden erwartet, Kronprinz Willem-Alexander und seine Frau Máxima sowie weitere europäische Royals – begangen werden sollte. Victoria war voller Vorfreude auf die Feierlichkeiten und ihre Familie.

Doch am Morgen des 12. Juli informierte Elisabeth Tarras-Wahlberg sie über das betreffende Foto und den Aufmacher des *Aftonbladet*. Nun war Victorias Beziehung zu Daniel Westling wirklich nicht länger geheim zu halten. Victoria war besorgt, wie ihre Eltern diese jüngsten Ereignisse aufnehmen und wie vor allem die Geburtstagsfeierlichkeiten auf Solliden davon beeinflusst würden. Sicher würde man sie zu dem Thema befragen, die Stimmung eine ganz andere sein als erwartet.

Als sie dann in Stockholm den Flieger nach Kalmar bestieg, zusammen mit Elisabeth Tarras-Wahlberg, ihrem Bruder Carl Philip und dessen Freundin Emma Pernald, bot sich ihr ein surreales Bild: Nahezu alle Mitreisenden waren in die aktuelle Ausgabe des *Aftonbladet* vertieft, auf deren Titelseite ein leicht verschwommenes Foto von ihr prangte, wie sie Daniel umarmte und küsste. Man kann den Schock sicher nachvollziehen, mit dem sich Victoria auf ihrem Sitz niederließ.

Der Presseansturm auf Solliden war wie erwartet enorm, jeder wollte einen Blick auf Daniel erhaschen, vielleicht sogar einen Kommentar der Königsfamilie ergattern, doch das Thema wurde konsequent ausgeklammert, Victoria war so souverän wie immer und ließ mit keiner Miene erkennen, wie anstrengend die Situation für sie gewesen sein muss.

Auch merkte man ihr nicht an, wie sehr die Irritation ihrer Eltern über die Ereignisse sie belastet haben müssen, denn Carl Gustaf und Silvia waren alles andere als begeistert vom neuen Freund ihrer Tochter. Sie empfanden es als hochgradig unpassend für eine Kronprinzessin, eine Beziehung zu ihrem Fitnesstrainer zu haben.

Carl Gustaf war bisher sogar so weit gegangen, Daniel vollkommen zu ignorieren. Bei ihm kam sicher auch hinzu, dass es für alle Väter schwierig ist, ihre Töchter erwachsen werden und Beziehungen mit Männern eingehen zu sehen. Das Königspaar hoffte, dass sich die Romanze als Strohfeuer entpuppte und schnell wieder beendet wäre.

Als jedoch dann dieses Kussfoto erschien, war Carl Gustaf rasend vor Wut. Seine Tochter küsste öffentlich ihren Fitnesstrainer, seine Tochter, die Thronfolgerin! Das war für ihn ein indiskutables Verhalten. Und als Victoria Daniel auch noch auf eigene Faust nach Solliden einlud, war er wirklich alles andere als erfreut. Dementsprechend angespannt verliefen die nächsten Tage, bis das Königspaar zu seinem Urlaub an der französischen Riviera aufbrach.

Seit 1998 war dies eine neue Familientradition, als Carl Gustaf nach Prinz Bertils Tod die bezaubernde Villa Mirage in dem kleinen Ort Sainte-Maxime geerbt hatte. Die ganze Familie liebte diese kleine Oase am Meer, inmitten von Fischrestaurants und einer reizenden einheimischen Bevölkerung. Dort konnten sie sich vollkommen frei und normal bewegen, der König spielte begeistert Boule mit den Einheimischen auf einer nach Prinz Bertil benannten Bahn, und er und Silvia tranken oft ein Gläschen Rosé in einer der benachbarten Bars. Für sie hatte die Villa schon immer eine ganz besondere Bedeutung gehabt, weil sie dort ungestört zusammensein konnten, bevor sie sich verloben durften.

In dieser Freiheit war es auch möglich, dass die Kinder ihre jeweiligen Partner mitnehmen durften; so war zum Beispiel bereits Carl Philips Freundin Emma Pernald in einem Sommer dabei gewesen, die besonders hoch in der Gunst des Königspaares stand, da sie aus dem ehemals schüchternen und etwas linkischen Jungen Carl Philip einen selbstbewussten und charmanten Mann gemacht hatte.

Ob Daniel in diesem Jahr hätte mitfahren dürfen, ist wohl fraglich, doch Victoria und ihr Freund blieben sowieso auf Solliden, wo sie sich schon die letzten Tage für sich gehalten hatten. Sie unternahmen lange Spaziergänge, und der begeisterte und sehr gute Golfspieler Daniel begann, seiner Freundin seinen Lieblingssport nahezubringen. Auf dem Golfplatz in Ekerum nahm sie bei dem früheren Profi Richard Bayliss Stunden und verbrachte dort eine sehr schöne Zeit.

Nach einem wunderbaren Sommer auf Öland und in Ockelbo war es für Victoria wieder an der Zeit, ins Berufsleben zurückzukehren. Im August 2002 besuchte sie zusammen mit Verteidigungsminister Björn von Sydow die schwedischen KFOR-Truppen im Kosovo und in Mazedonien. Bei dieser Gelegenheit wurde sogar ein Regiment nach ihr benannt, das 2. Bataillon im Amphibienregiment, eine Eliteeinheit, die zu Lande, zu Wasser, unter Wasser und in der Luft operiert. Jedes Jahr bekommt Victoria seither einen ausführlichen Bericht über die Einsätze des Bataillons.

Im Herbst 2002 sollte sie einige Monate Praktikum beim Schwedischen Außenwirtschaftsrat machen, erst zwei Monate in Berlin, gefolgt von einigen Wochen in Paris. Das Königspaar war froh über die Abwesenheit seiner Tochter und hoffte weiterhin, dass die Beziehung zu Daniel bald wieder passé wäre. Victoria dachte natürlich gar nicht daran, im Gegenteil. Ihr Verhältnis zu Daniel wurde immer enger, und ihr Auslandsaufenthalt belastete sie sehr, auch wenn sie sich das nicht anmerken ließ. Professionell wie immer trat sie im Herbst 2002 ihr Praktikum in Berlin an, wo sie schon sehnsüchtig von der Presse erwartet wurde. Es gelang ihr aber souverän, diese freundlich mit dem Hinweis in ihre Schranken zu weisen, dass sie in Ruhe ihr Praktikum in Berlin absolvieren und so viel wie möglich von dieser faszinierenden Stadt erleben wollte. Und tatsächlich – ihr Wunsch wurde respektiert.

Ebenso unkompliziert wie der Presse trat sie auch ihren neuen Kollegen im schwedischen Außenwirtschaftsrat gegenüber. Auf die Frage, wie man sie korrekt ansprechen solle, antwortete sie an ihrem ersten Arbeitstag einfach nur fröhlich: »Sagt Victoria zu mir.«

Sie arbeitete in einer Projektgruppe mit, die Konzepte zur Ansiedlung schwedischer Firmen in Deutschland entwarf, und wurde ansonsten wie jede andere Praktikantin behandelt, das heißt, sie musste auch Kaffee kochen und Briefe abtippen.

Sie genoss die Wochen in der faszinierenden Stadt Berlin und vor allem die Möglichkeit, viel Zeit mit ihrem Lieblingsonkel Jörg Sommerlath verbringen zu können, der leider einige Jahre später an Speiseröhrenkrebs verstarb.

Nach ihrer Rückkehr aus Berlin und Paris konnte sie dann endlich wieder mit Daniel zusammen sein und ihre Paarroutine wiederaufnehmen. Daniel war in der Zwischenzeit aus seiner alten Wohnung in der Birger Jarlsgatan ausgezogen, die ein wahrer Alptraum für Victorias Leibwache gewesen war. Eine normale Zwei-Zimmer-Wohnung im Erdgeschoss in einem Hinterhaus, von allen Seiten einseh- und ohne Probleme erreichbar – nein, da konnte eine Prinzessin nicht angemessen bewacht werden.

Durch seine neuen Beziehungen, die er unter anderem mit Victoria als Freundin aufgebaut hatte, bekam er eine Wohnung in der Banérgatan, im dritten Stock, wieder in einem Hinterhaus, das jedoch nur durch zwei jeweils mit einem extra Türcode gesicherte Tore zu erreichen war. Die schwedische Sicherheitspolizei Säpo war zufrieden, und Victoria verbrachte fast ihre gesamte Freizeit mit Daniel in seiner Wohnung, da sie ihn trotz ihrer eigenen Räumlichkeiten in einem Extragebäude immer noch nicht so einfach mit nach Drottningholm nehmen konnte.

Bald war sie ein vertrauter Anblick in dem Haus, und eine Nachbarin erzählte, dass sie die beiden oft in Daniels Küche beim Teetrinken sähe und sie den Eindruck erweckten, als hätten sie sich unendlich viel zu erzählen. Sie strahlten eine große Harmonie aus, man merkte einfach, wie wohl sie sich in der Gesellschaft des anderen fühlten. Victoria sagte über die Beziehung zum Mann ihres Lebens: »Wir haben einfach so viel Spaß miteinander. Und wir sagen uns oft, dass es niemanden gibt, mit dem wir lieber zusammen wären. Deshalb sind wir so glücklich, dass wir so viel Zeit miteinander verbringen und gemeinsam Dinge erleben dürfen.«

Trotz ihrer beider übervollen Terminpläne versuchten sie, einen gewissen Alltag, eine sichere Normalität zu schaffen. Geradezu paradox mutete da eine Entdeckung an, die Victoria und Daniel bei einem Spaziergang in seinem neuen Wohnviertel machten, etwa eine Woche nach seinem Einzug. Nichts ahnend stießen sie auf die Redaktionen dreier wichtiger Wochenzeitschriften, *Hänt Extra*, *Se & Hör* und *Svensk Damtidning*. Ausgerechnet in der Nachbarschaft, wo Victoria und Daniel ein so ruhiges Leben wie möglich leben wollten. Das war fast schon wieder zum Lachen …

Victoria setzte natürlich ihre Ausbildung in der »Königinschule« im neuen Jahr plangemäß fort und absolvierte im Frühjahr 2003 diverse Praktika bei großen schwedischen Unternehmen wie Ericsson, Electrolux und H&M sowie in der schwedischen Landwirtschaft. Außerdem durchlief sie begeistert einige Wochen Grundausbildung für Soldaten im Auslandseinsatz bei SWEDINT (Swedish Armed Forces International Center) in Almnäs bei Södertälje. Bilder aus dieser Zeit zeigten sie in voller Tarnmontur mit dazugehöriger Schminke und einem verschmitzten Lächeln im Gesicht. Drei Wochen lang lebte sie in einer Baracke, robbte durch den Schlamm und marschierte nachts durch Wälder. Ihre neuen Kameraden beeindruckte sie durch ihre Sportlichkeit – einen Kilometer lief sie in vier Minuten und fünfundvierzig Sekunden – mit fünfzehn Kilo Gepäck auf dem Rücken!

»Mit Daniel an meiner Seite fühle ich mich sicher«:
Victoria und Daniel als strahlendes Paar
bei öffentlichen Auftritten.

*Seit ihrer Verlobung im Februar 2004
darf Daniel bei öffentlichen Auftritten offiziell
an Victorias Seite sein.*

*Eine königliche Familie:
mit den Geschwistern Carl Philip und Madeleine,
in schwedischer Tracht mit Mutter Silvia und
elegant beim Nobel-Dinner.*

Eine strahlend schöne Königsfamilie

stellt sich den Pressefotografen.

Endlich ist es so weit:
Überglücklich verkünden Victoria und Daniel
am 24. Februar 2009 ihre Verlobung.

*König Carl Gustaf begleitet seine Tochter
auf ihrem Weg zum Traualtar*

Auf diesen Augenblick

haben Victoria und Daniel so lange gewartet

Endlich verheiratet – das frisch vermählte Ehepaar

wird vor der Kirche vom Volk bejubelt

»Victoria, das Größte von allem ist die Liebe.
Ich liebe dich so!«

Daniel rührt mit seiner bewegenden Rede nicht nur die Kronprinzessin zu Tränen

»Ihr habt mir meinen Prinzen gegeben« –
Der glanzvolle Höhepunkt einer traumhaften
Märchenhochzeit

In diesem Jahr wurde ihre Beziehung zu Daniel auf die erste ernsthafte Probe gestellt, da mittlerweile auch öffentlich gegen Daniel gehetzt wurde. Seit Bekanntwerden ihrer Beziehung waren immer wieder Stimmen laut geworden, vor allem in den konservativen gehobeneren Kreisen Stockholms, dass dieser junge Mann keine passende Partie für die Kronprinzessin sei und diese sich in der Wahl ihres Ehemannes vor allem nach dem Staatswohl zu richten habe. Ein Fitnesstrainer aus einer Kleinstadt, ohne akademischen oder zumindest militärischen Hintergrund sei nicht akzeptabel, selbst wenn dieser sich aus eigener Kraft und mit großem Einsatz ein Unternehmen aufgebaut habe. Als Freund für Victoria sei er nicht gut genug und würde der Rolle an ihrer Seite nicht gewachsen sein, so die allgemeine Meinung.

Doch das waren bisher Stimmen gewesen, die nicht aus dem direkten Umfeld von Victoria kamen.

Dies änderte sich jetzt im Jahr 2003. Daniel wurde in ihrem Freundes- und Bekanntenkreis hinter seinem Rücken und manchmal auch offen angefeindet und wegen seiner Herkunft, seiner legeren Kleidung, den allgegenwärtigen Baseballkappen und seiner zurückhaltenden Art abfällig behandelt.

Victorias engste Freunde hatten ihn glücklicherweise voll und ganz akzeptiert, doch der erweiterte Kreis von Leuten, die sich um die Kinder des Königspaares scharte, war viel unbarmherziger. Die meisten davon waren Kinder reicher Eltern, die viel und ausgelassen in den Bars um den Stureplan feierten, Geld verpulverten und unglaublich arrogant waren. Victoria selbst mischte sich selten unter diese Bekannten, doch ihre Schwester Madeleine tauchte oft ins Stockholmer Nachtleben ein und erfuhr so, was hinter dem Rücken von Daniel geredet wurde.

Victoria musste also ihren geliebten Freund, bei dem sie sich so sicher und aufgehoben fühlte, nicht nur gegen ihre Eltern verteidigen, sondern gegen beinahe ihr gesamtes Umfeld. Eine für sie sehr belastende Situation, doch Daniel sollte nicht erfahren, was über ihn Böses gesagt wurde, weshalb sie diese Last weitgehend allein trug.

Auch die Presse ließ ihn nicht aus ihren Fängen und durchleuchtete sein bisheriges Leben bis in den letzten Winkel, um vielleicht einen schwarzen Fleck zu finden. In Schweden gilt das sogenannte Öffentlichkeitsprinzip, nach dem Schulunterlagen, Steuererklärungen, generell offizielle Dokumente allgemein eingesehen werden können. Und das nützte die schwedische Presse weidlich aus – doch sie wurde nicht fündig. Daniel war ein absolut ehrbarer, unbescholtener, hart arbeitender, vollkommen skandalfreier junger Mann.

Victoria hielt in dieser schweren Zeit unerschütterlich zu ihm und versuchte, den Druck, unter dem ihr Freund stand, abzumildern. Ihre Liebe zu ihm wuchs durch diese Belastung nur noch mehr, da er sich als genau der Mann erwies, den sie brauchte – stark, zuverlässig, absolut loyal, verschwiegen, ein Fels in der Brandung. Auch wenn ihm seine öffentliche Rolle immer noch ganz und gar nicht behagte und er weiterhin jeglichen Kontakt zu den Medien mied.

Doch so schwer dieses Jahr auch war, so sehr Victoria für ihre Beziehung kämpfen musste – einen wichtigen Sieg konnte sie erringen. In diesem Sommer begleitete Daniel sie wieder nach Solliden und durfte sich ganz offen mit der Königsfamilie bei einem Konzert der schwedischen Pop-Supergroup GES zeigen. GES besteht aus den auch als Solisten äußerst erfolgreichen Anders Glenmark, Thomas »Orup« Eriksson und Niklas Strömstedt. Die drei Sänger traten in der pittoresken Schlossruine von Borgholm auf, in der die Königsfamilie ihre eigene Loge hat, da Konzertbesuche in der atmosphärischen Anlage traditionell zum Sommerurlaub dazugehören. Dass Daniel offiziell neben Victoria sitzen durfte, in Begleitung des Königspaares, kam einer kleinen Sensation gleich. Mit Victorias erstem Freund Daniel Collert, mit dem sie schließlich auch mehrere Jahre zusammen war, hatte man sich nie öffentlich gezeigt.

Victorias Kampf um ihre Beziehung, um Anerkennung ihres Freundes war mit diesem Sommer auf Öland also einen wichtigen Schritt weitergekommen, auch wenn sie ihre Eltern, und besonders ihren Vater, immer stärker unter Druck setzen musste, damit ihre Wahl akzeptiert wurde. Noch waren Carl Gustaf und Silvia nicht überzeugt, dass Daniel ein geeigneter Partner für die Thronfolgerin sei, und sahen die Beziehung immer noch als eine hoffentlich bald überstandene Romanze.

Halt und Unterstützung fand Victoria in dieser schweren Zeit bei Daniels Familie in Ockelbo. Vor allem Daniels Mutter Eva wurde ihr eine gute Freundin, die ihr oft Mut und Trost zusprach und so auf lange Sicht ganz sicher die Beziehung zwischen ihrem Sohn und der Kronprinzessin rettete.

Ein wichtiger Rückzugsort wurde auch das Sommerhaus der Familie Westling in Acktjära, einem winzigen Ort mit sechzig Einwohnern. Das typisch rote Häuschen lag versteckt im Wald und war ideal für Menschen, die Ruhe und Abgeschiedenheit suchten. Victoria und Daniel unternahmen stundenlange Spaziergänge in der Natur und erholten sich so von dem Druck, der in Stockholm auf ihnen lastete.

Dieser Druck erhöhte sich 2004 noch, trotz des Sieges, den Victoria mit dem gemeinsamen Konzertbesuch errungen hatte. Ihr Vater wollte sich einfach nicht mit ihrer Partnerwahl abfinden und äußerte immer wieder offen vor seinen Freunden, wie falsch er ihre Entscheidung fände. Dem König missfielen vor allem Daniels fehlende Allgemeinbildung, seine miserablen Englischkenntnisse, sein fehlender akademischer Hintergrund und seine Unbeholfenheit im Umgang mit den Medien sowie seine – nach Ansicht Carl Gustafs – fehlende soziale Kompetenz. Dass gerade Letzteres eine grobe Fehleinschätzung seiner Persönlichkeit war, hätte dem König von selbst auffallen müssen – gerade durch seine überragende soziale Kompetenz hatte sich Daniel einen so exklusiven Kundenstamm aufbauen können, der ihm vertraute und der ihn förderte. Daniel konnte im Prinzip mit jedem reden, hatte genügend Gesprächsthemen und kam durch seine zwar zurückhaltende, aber immer äußert freundliche und professionelle Art mit jedem aus. Dass er durch die Beziehung mit Victoria allerdings in völlig andere

Kreise gebracht wurde, eine vollkommen neue Welt betrat – trotz seiner Oberklassenkunden bei Master Training –, in der jeder erst einmal gestrauchelt wäre, der nicht von Geburt an den sozialen Code der besseren Gesellschaft gelernt hatte – das wurde nicht bedacht. Daniel wusste sich oft einfach nicht besser zu helfen, als Journalisten oder Fotografen wortlos den Rücken zuzukehren und davonzugehen. Gerade für solche Situationen hätte er dringend die Hilfe des Hofes gebraucht. Doch hier ließ man ihn lange Zeit allein, einzig Victoria unterstützte ihn nach allen Kräften, damit er sich in ihrer Welt und mit seiner neuen öffentlichen Rolle besser zurechtfand.

Doch auch ihre Kraft war nicht unendlich, und im Sommer 2004, als sie schon über zwei Jahre zusammen waren und sich alles gegen sie verschworen zu haben schien, war Victoria nahe daran aufzugeben. Das Paar hatte eine tiefe Krise, die die Beziehung ernsthaft gefährdete. An ihren Gefühlen füreinander hatte sich nichts geändert, doch Victoria sah sich den immensen Problemen, mit denen die beiden zu kämpfen hatten, kaum noch gewachsen. Ihre Eltern nahmen Daniel immer noch nicht ernst, und auch die öffentliche Meinung von ihm besserte sich kaum.

Daniel dagegen war felsenfest davon überzeugt, dass ihre Beziehung zu retten sei. Er liebte Victoria über alles, und aufgeben wäre ihm nie in den Sinn gekommen. Er verfügte über ein enormes Durchhaltevermögen und große Zielstrebigkeit – Eigenschaften, die ihm in seiner beruflichen Laufbahn geholfen hatten und auch sein privates Glück ermöglichen sollten.

Wieder einmal erwiesen sich Olle und Eva Westling als große Hilfe für das junge Paar. Ohne den Rückzugsort Ockelbo, den Rückhalt der Menschen dort und die liebevolle Aufnahme von Daniels Eltern wäre die Beziehung sicher zerbrochen.

Nicht nur privat standen Victoria und Daniel in dieser Zeit unter immensem Druck. Victoria setzte ihre Ausbildung in der »Königinschule« fort und unternahm im Jahr 2004 diverse große Repräsentationsreisen, unter anderem nach Saudi-Arabien und Ungarn, und besuchte außerdem die UN-Niederlassungen in Rom und Genf. Im Herbst 2004 belegte Victoria zusätzlich noch Kurse an der Försvarshögskola (Swedish National Defense College) in Stockholm in den Fächern Politikwissenschaft, internationale Beziehungen und Konfliktlösung.

Daniel arbeitete in dieser Zeit weiter hart an seiner Karriere als Unternehmer, und er und sein Partner Benny eröffneten eine weitere Master-Training-Filiale in der Nybrogatan. Die Geschäfte liefen hervorragend, und Daniel war mittlerweile fast ausschließlich im Hintergrund tätig, gab nur noch selten Trainingsstunden. Mit Bekanntwerden der Beziehung zu Prinzessin Victoria hatte das Master Training noch einmal einen großen Aufschwung erlebt, auch wenn Daniel und Benny nicht unbedingt glücklich über die vielen Beitrittsgesuche und neuen Kunden waren. Das Publikum begann sich zu verändern, viele wollten nur in den Dunstkreis der Königsfamilie geraten und vielleicht einen Blick auf Victoria oder Madeleine werfen. Die familiäre Atmosphäre, die von den bisherigen Mitgliedern so hoch geschätzt wurde, drohte sich zu verändern. Auch das Verhältnis zwischen Benny und Daniel verschlechterte sich.

Privat blieb ihre Freundschaft zwar erhalten, doch geschäftlich merkten beide, dass es über kurz oder lang an der Zeit sein würde, getrennte Wege zu gehen. Daniel hatte schon länger darüber nachgedacht, unternehmerisch auf ganz eigenen Füßen zu stehen, immer wieder bestärkt durch einige seiner Kunden, die ihm dazu rieten, sich vollkommen selbständig zu machen und ihn – nicht zuletzt dank seines neuen Status als Freund von Victoria – finanziell auch unterstützen wollten.

Benny auf der anderen Seite merkte, dass er der alleinige Chef sein und bei Entscheidungen keine Kompromisse eingehen wollte. Im Jahr 2005 kam es dann zum geschäftlichen Bruch, Daniel bezahlte Benny aus, der in den Räumlichkeiten in der Regeringsgatan sein eigenes Fitnessstudio Exclusive Training eröffnete. Die dort bisher beheimatete Master-Training-Filiale war schon kurz vorher in neue Räumlichkeiten in der Kungsgatan umgezogen.

Daniel plante eine weitere Expansion, wollte jedoch mit dem Hersteller von Reformkost Axa in eine neue Richtung gehen: Balance with Axa – immer noch exklusives Trainieren, doch nicht mehr als geschlossene Gesellschaft, sondern offen für alle. Neu, modern, unverbraucht.

Das Jahr 2005 begann also für Daniel mit großen beruflichen Veränderungen. Privat zeichnete sich dagegen immer noch kein Tauwetter ab, auch wenn die Beziehung zwischen Victoria und ihm wieder gefestigt war. Das Königspaar hatte Daniel immer noch nicht als offiziellen Freund anerkannt, was bedeutete, dass Victoria nicht offen über ihn als ihren Partner reden, geschweige denn in der Öffentlichkeit allzu deutlich ihre Zuneigung zeigen durfte.

Doch wie schon in ihrer Beziehung zu Daniel Collert wusste Victoria sich zur Wehr zu setzen und mit Hilfe von Schmuck Position gegen ihre Eltern zu beziehen. Sie dachte nämlich gar nicht daran, von ihrem geliebten Daniel abzulassen, der ihr so guttat und so viel Sicherheit vermittelte.

Als Victoria und Daniel im August 2005 als Zuschauer beim GoKart-Rennen Red Bull Ultimate Driver im Königlichen Schloss anwesend waren, bei dem Prinz Carl Philip mitfuhr, trug Victoria einen auffälligen Kettenanhänger aus zwei ineinander verflochtenen Buchstaben: V & D. Der Anhänger war nicht der erste Schmuck, der die beiden verband, seit einiger Zeit trugen Victoria und Daniel identische silberne Armreifen, sie am linken, er am rechten Handgelenk. So zeigten sie trotzig aller Welt, dass sie zusammengehörten, auch wenn sie es nicht offiziell sagen durften.

Daniel war der Ernst der Lage sehr wohl bewusst. An ihrer Liebe zweifelte er nicht, doch ihm war klar, dass ohne das offizielle Plazet des Königspaares ihre Beziehung auf immer härtere Proben gestellt werden. Er musste also alles tun, um die Anerkennung und das Wohlwollen vor allem Carl Gustafs zu erringen.

Da ihm der Hof dabei sicher nicht helfen wollte (oder vielleicht auch nicht konnte), musste er selbst die Initiative ergreifen, um sein Image als tumber Fitnesstrainer abzustreifen und die Rolle des souveränen und sozial kompetenten Mannes an der Seite der Kronprinzessin im Licht der Öffentlichkeit genügend auszufüllen. Nach einiger Recherche stieß Daniel auf die PR-Agentur JKL, die ein äußerst gutes Renommee hatte. Daniel erklärte dem Geschäftsführer Anders Lindberg seine Situation und in welchen Punkten er Hilfe benötigte. Sehr wichtig war vor allem, seine Englischkenntnisse zu verbessern und seine Allgemeinbildung zu vertiefen, die Punkte, an denen sich der König am meisten störte.

Ein Intensivenglischkurs stellte kein Problem dar, doch einem Mann, der sich hauptsächlich für Sport, Gesundheit, Ernährung und Fitness interessiert, ein bisschen mehr Weltgewandtheit zu verpassen und eine größere Bandbreite an Gesprächsthemen könnte sich etwas schwieriger gestalten. Anders Lindberg löste allerdings auch dieses Problem, indem er ein Abendessen mit einigen wichtigen Wirtschaftsbossen, hochrangigen Politikern für Daniel organisierte, um so ein gutes Kontaktnetz für den jungen Mann zu knüpfen und ihn auf diese Weise in die Welt des Geldes und des gesellschaftlichen Status einzuführen.

Außerdem sollte Daniel bei JKL den korrekten Umgang mit den Medien lernen und ausreichend Sicherheit vermittelt bekommen, um Journalisten und Fotografen nicht mehr kopflos auszuweichen, sondern souverän mit ihnen umzugehen und sich ihren Fragen zu stellen.

All diese Anstrengungen unternahm Daniel in größter Heimlichkeit, bestärkt von Victoria und einigen engen Freunden, da davon nichts an die Presse dringen sollte, für die das »Prinzentraining« ein gefundenes Fressen gewesen wäre und die Spekulationen um eine baldige Verlobung und Hochzeit nur wieder angeheizt hätten. Natürlich blieben seine Bemühungen, eine staatsmännischere Figur an Victorias Seite zu machen, nicht ganz unentdeckt, doch konnte er seine »Ausbildung« in Ruhe fortsetzen. Parallel dazu coachten ihn auch zwei seiner Kunden, die zu guten Freunden geworden sind: Der SAS-Vorstandsvorsitzende Mats Jansson und der Peab-Gründer Eric Paulsson nahmen den jungen Unternehmer unter ihre Fittiche und wurden zu seinen Mentoren, die ihm wichtige Tipps gaben.

Auch äußerlich veränderte sich Daniel deutlich, die legere Sportkleidung von früher war passé, mittlerweile trug er mit Vorliebe teure Anzüge, die Haare ordentlich nach hinten gekämmt und eine seriöse Brille.

Auch sein Umgang mit den Medien wurde gewandter. 2005 traf er zum Beispiel auf einige Reporter der Zeitung *Expressen*, und anstatt wie früher die Flucht zu ergreifen, ging er auf die Journalisten zu und begann ein entspanntes Gespräch. Kaum etwas erinnerte an den schüchternen und verstockten Daniel von früher. Seine Abschiedsworte nach ein paar Minuten waren, nonchalant lächelnd vorgetragen: »Ihr werdet mich mit der Zeit noch besser kennenlernen.«

Victoria war unerhört stolz auf ihren Freund, der so viel Kraft und Zeit nicht nur in sein wachsendes Unternehmen, sondern auch in die Vorbereitung auf ein offizielles Leben an ihrer Seite steckte. Und nach vielen emotionalen Streits mit ihrem Vater zum Thema Daniel bekam nun auch langsam der Widerstand des Königs Risse. Sogar ihm imponierte der Einsatz, den Daniel an den Tag legte, und das Verhältnis zwischen Carl Gustaf und seinem bis dato ungeliebten Schwiegersohn in spe begann sich rapide zu bessern. Endlich hatte auch das Königspaar erkannt, dass der Junge aus Ockelbo keine Eintagsfliege war, der nur aus Prestigegründen mit Victoria zusammen war. Sie sahen, wie gut die Beziehung ihrer Tochter tat, wie glücklich, stark und in sich ruhend sie durch Daniel geworden war. Das erweicht selbst das härteste Elternherz mit der Zeit.

Später äußerte sich Victoria überraschend verständnisvoll über diese ersten Jahre, in denen ihre Eltern einfach besorgt um das Wohl ihres Kindes waren und sich fragten, ob Daniel der anspruchsvollen Rolle an Victorias Seite gewachsen sei, etwas, über das er selbst sich zu Beginn der Beziehung schließlich auch noch nicht ganz im Klaren gewesen sei.

Beruflich verbrachte Victoria in diesem Jahr viel Zeit auf Reisen, sie besuchte unter anderem die Ausstellung »Swedish Style« in Australien sowie die Weltausstellung in Aichi, Japan. Außerdem reiste sie im Rahmen ihrer Entwicklungshilfestudien für SIDA nach Bangladesh und Sri Lanka. In Bangladesh engagiert sich SIDA stark für den allgemeinen Zugang zu Bildung und konnte schon mehrere hundert Schulprojekte für bitterarme Kinder verwirklichen. Des Weiteren kämpft man erfolgreich gegen hohe Kindersterblichkeit und ermöglicht den Menschen besseren Zugang zu angemessener medizinischer Versorgung. In Sri Lanka liegt der Fokus auf dem Schutz von Menschenrechten und der Sicherung des Friedensprozesses.

Außerdem verbrachte Victoria im Herbst 2005 einen Monat in China an der schwedischen Botschaft, um Land und Leute kennenzulernen.

Als endgültigen Durchbruch ihrer Beziehung kann man sicher den 60. Geburtstag von Carl Gustaf am 30. April 2006 bezeichnen, der an drei Tagen, vom 28.–30.4., gefeiert wurde und dessen Krönung das große Galadinner am Samstagabend auf Schloss Drottningholm war. König Carl Gustaf machte seiner ältesten Tochter ein großes Geschenk, als er das Dinner zu einer privaten Feier erklärte und es Victoria so ermöglichte, zusammen mit ihrem Daniel an dem Essen teilzunehmen. Andernfalls hätte sich das Paar dem Protokoll beugen müssen, das offizielle gemeinsame Auftritte erst als Verlobte erlaubt. Doch so konnten Victoria und Daniel, Prinzessin Madeleine und ihr Freund Jonas Bergström und Carl Philip mit seiner Freundin Emma Pernald am großen Tag ihres Vaters dabei sein.

Doch auch wenn die Feier als privat erklärt worden war, würde sich Daniel nichtsdestotrotz inmitten sämtlicher gekrönter Häupter Europas bewegen, der adeligen Verwandtschaft seiner Freundin – und alle würden ihn genau im Auge behalten. An der Festtafel war er zum Glück neben Caroline Kreuger plaziert, was eine große

Erleichterung für ihn war, da die beiden sich schon seit einigen Jahren kannten und sehr mochten. Er betrieb artig Konversation mit dem gesamten europäischen Hochadel und wurde durchwegs freundlich behandelt, auch wenn hinterher Stimmen laut wurden, er habe sich doch sehr zurückhaltend verhalten. Aber wen wundert das schon? Der erste große gemeinsame Auftritt mit Victoria in ihrer Welt, noch dazu zu so einem feierlichen Anlass – wer wäre da nicht eingeschüchtert gewesen, der nicht von Geburt an diese Welt und ihre Gepflogenheiten kennt.

Illustre Gäste der Geburtstagsfeierlichkeiten waren unter anderem Kronprinz Fredrik von Dänemark mit seiner Frau Mary, das norwegische Königspaar Harald und Sonja, zusammen mit Kronprinz Haakon und seiner Frau Mette-Marit, Königin Beatrix der Niederlande mit Kronprinz Willem-Alexander und Frau Máxima, das spanische Königspaar Juan Carlos und Sofia, Fürst Albert II. von Monaco sowie natürlich die engsten Familienangehörigen von Carl Gustaf und Silvia mit ihren Familien.

Man feierte bis sieben Uhr morgens, und am nächsten Tag berichteten die Zeitungen ausführlich von Daniels Anwesenheit. Dies war sozusagen der Ritterschlag, und einer zukünftigen Verlobung und Hochzeit schien nichts mehr im Wege zu stehen, was von der Presse natürlich in regelmäßigen Abständen vermutet und eingefordert wurde.

Einen Tag nach dem für Victoria und Daniel so bedeutungsvollen Geburtstagsfest eröffnete schließlich Daniels neues Fitnessstudio Balance with Axa in der Lästmakargatan, sein Traum von einem großen und neuen Studio war damit in Erfüllung gegangen. Die Räumlichkeiten, die sich über zweitausendfünfhundert Quadratmeter erstreckten, waren an so bekannte Studios wie die amerikanischen Ketten Equinox Fitness Clubs und LA Sports Club angelehnt, alles war in Schwarz und Weiß gehalten, klares, geschmackvolles Design, offene, helle Räume, es sollten keine Berührungsängste für normale Leute geweckt werden. Hier im Balance sollte das Gegenteil von Master Training gelten – offen für alle, und mit knapp sechshundert Kronen Monatsbeitrag auch für viele erschwinglich. Jeder sollte Zugang zu einem gesunden Trainingsprogramm haben, so war seine Vision. Bilder von der Eröffnung zeigten einen sehr selbstbewussten Daniel Westling in schwarzem Maßanzug und dunkler Kastenbrille, der aussah, als wäre er der geborene Unternehmer, der sich in Rekordzeit ein Vermögen erarbeitet hatte.

Die Kooperation mit dem Hersteller von Reformkost Axa war ein geschickter Schachzug und sprach außerdem für Daniels Mission, eine gesündere Lebensweise unters Volk zu bringen. Axa würde seine neue Lebensmittelserie Axa Balance in dem Studio vertreiben, darunter Pasta, Brot und Proteindrinks. Balance with Axa sollte so zum idealen Anlaufpunkt der ab Fünfundzwanzigjährigen mit wenig Zeit werden, die in ihrem Fitnessstudio gleich noch ihre Einkäufe erledigen konnten. Darüber hinaus war das Angebot an Kursen und Sportarten sehr viel größer als in den normalen Clubs. Neben klassischem Fitnesstraining mit Geräten bot Balance with Axa auch Kampfsport, Spinning, Yoga und diverse andere Sportarten an.

Neben den sehr harmonisch miteinander verbundenen Trainingsräumen gab es auch einen Vorlesungsraum, in dem Ernährungsexperten Vorträge halten können; die Küche war darauf eingerichtet, Kochkurse zu geben.

Daniel und seinem Geschäftsführer Magnus Brännström war es gelungen, ein ganzheitliches und hypermodernes Studio zu konzipieren und erfolgreich zu eröffnen, mit viel harter Arbeit und noch mehr persönlichem Einsatz. Victoria konnte wirklich stolz auf ihren Daniel sein!

Doch er erntete nicht nur Lob für sein neues Studio, viele, vor allem Branchenkollegen, waren der Ansicht, dass er ein zu großes Risiko eingegangen sei, sich mit den bereits etablierten normalen Ketten anzulegen. Zudem sein Konzept – einerseits offen für alle zu sein, jedoch das hohe fachliche Niveau eines Master Training weiterhin zu halten – viel Geld kostete und unerwünschtes Publikum anziehen könnte. Das Risiko, in die Skandale seiner Kunden verwickelt zu werden, sei weitaus höher als vorher. Und gerade das sollte in seiner Position vermieden werden. Tatsächlich kam es zu diversen Zwischenfällen und Schlagzeilen, doch Daniel war sowohl in der Öffentlichkeit als auch im Königshaus so etabliert, dass er das unbeschadet überstand.

Während Daniel im Jahr 2006 vor allem mit seinem wachsenden Unternehmen beschäftigt war, begann für Victoria im September das einjährige Diplomatenprogramm des schwedischen Außenministeriums, das sehr hohe Anforderungen an seine sorgsam ausgewählten Teilnehmer stellt. Natürlich musste Victoria keine Aufnahmeprüfung absolvieren, doch ansonsten war sie ihren einundzwanzig Kurskollegen gleichgestellt. Das Tempo war hoch, das Unterrichtspensum schier unendlich. Referate, Gruppenarbeiten und Rollenspiele, um etwa schwierige politische Verhandlungen einzuüben, waren an der Tagesordnung. Außerdem standen in diesem Jahr noch Französisch-Studien in Frankreich an.

Bei diesem vollen Terminplan ist es nur zu verständlich, dass Daniel und Victoria so viel Zeit wie nur möglich miteinander verbrachten. Meistens hielten sie sich in ihrer Zwei-Zimmer-Wohnung im Seepavillon auf Schloss Drottningholm auf, wo sie sich vollkommen frei und unbemerkt bewegen konnten, doch Daniel hatte immer noch seine Wohnung in der Banérgatan, die sie auch hin und wieder benutzten. Beide waren gern daheim und verbrachten einen ruhigen und gemütlichen Abend, oft vor dem Fernseher, da Victoria auf so viele Nachrichtensendungen wie möglich angewiesen ist. Außerdem mag sie gern amerikanische Serien wie die *Sopranos* oder *24*. Keiner von beiden muss sich jedes Wochenende in den In-Clubs am Stureplan unter das Partyvolk mischen, auch wenn sie natürlich ab und zu ausgehen. Oft kochen sie daheim – schnelle Gerichte wie Pasta, da beide keine großen Köche sind –, gehen aber auch gern essen. Oft sieht man sie im *Operakällarn* am Kungsträdgården in Stockholm, dessen Geschäftsführer Alessandro Catenacci ein guter Freund von Daniel ist.

So unterschiedlich ihr Hintergrund ist, so ähnlich sind sich Victoria und Daniel doch in vielen Dingen. Beide sind zum Beispiel Morgenmenschen und joggen oft schon vor sechs Uhr morgens durch den Schlosspark. Danach frühstücken sie in Ruhe und fahren in die Stadt ins Büro, wie ganz normale Bürger. Victoria hört im Auto auf dem Weg nach Stockholm oft Nachrichten im Radio. Um acht ist sie meistens in ihrem Büro im Schloss, ebenso wie Daniel in seinem Studio. Beide bemühen sich, an normalen Tagen um vier Uhr nachmittags etwa zurückzufahren, um dem Berufsverkehr zu entgehen.

Dass das Zusammenleben von Victoria und Daniel vom Königspaar so offen gebilligt wurde, war ein weiterer großer Schritt für das Paar, auch wenn von Verlobung und Hochzeit einstweilen wieder nur in der Presse die Rede war. Die stürzte sich unermüdlich auf das Thema, so dass Victoria aus Unmut darüber lange Zeit so gut wie keine Interviews gab. Lieber verbrachte sie mit Daniel viel Zeit im Ausland, um dort in Ruhe ihre Zweisamkeit genießen zu können.

Silvester 2006 urlaubten sie im italienischen Cortina d'Ampezzo im Haus von Alessandro Catenacci, einen Aufenthalt, den die beiden leidenschaftlichen Skifahrer sehr genossen. Fotos aus diesen Tagen zeigen eine sehr gelöste Victoria, die ihrem Daniel immer wieder in der Öffentlichkeit einen liebevollen Kuss auf die Wange drückte und ihn auf der Skipiste sogar offen auf den Mund küsste, obwohl beide wussten, dass die italienischen Paparazzi auf der Lauer lagen.

Das Jahr 2007 stand, neben aller beruflichen Herausforderungen und Arbeiten, für Victoria und Daniel vor allem unter dem Zeichen diverser Hochzeiten. Schon in den Jahren zuvor waren einige ihrer Freunde vor den Altar getreten, doch in diesem Jahr jagte eine feierliche Zeremonie die nächste. Im März 2007 waren sie zur Hochzeit von Jacob de Geer und Nicole Kreuger eingeladen, im April bei Caroline Kreuger und Jesper Nilsson, im Juni bei Rebecka Svensson und Gustaf Wiiburg, im August bei Anna Jussil und Michael Broms, im September bei Sophie de Geer und Marcus Josefsson. Und immer wieder wurde Victoria und Daniel die Frage gestellt, wann es denn bei ihnen so weit sei …

Vor allem die Hochzeit von Caroline Kreuger und Jesper Nilsson im schweizerischen Verbier war eine wichtige Art Generalprobe für Victoria und Daniel. Ostern 2007 feierte die beste Freundin von Victoria drei Tage ihre glanzvolle Hochzeit mit Jesper Nilsson, mit dem sie schon seit zehn Jahren zusammen war. Weitere Gäste waren unter anderem Prinzessin Madeleine mit Jonas Bergström, Victorias Freundin Anna Jussil mit Freund Michael Broms, Caroline Dinkelspiel mit Mann Peder sowie die gesamte schwedische Oberklasse. Victoria war zusammen mit Caroline Dinkelspiel und Anna Jussil Brautjungfer, und die Freundinnen lösten so einen alten Schwur aus der Schulzeit ein, gegenseitig bei ihren jeweiligen Hochzeiten Brautjungfern zu sein.

Privat versuchten Daniel und Victoria so viel Zeit wie möglich im Ausland zu verbringen, um vor der ständigen Jagd durch Journalisten und Fotografen Erholung zu finden. Außerdem beendete Victoria im Sommer 2007 das einjährige Diplomatenprogramm und setzte ab dem Herbst ihre Studien in Politikwissenschaft an der Universität Stockholm fort.

Ende 2007 erhielten die Hochzeitsgerüchte um Victoria und Daniel neue Nahrung, als das Außenministerium ein zusätzliches Budget vom Staatshaushalt anforderte, explizit für eine königliche Hochzeit.

Eine wahre Hysterie brach in den schwedischen Medien los, und Victoria musste von Brüssel aus, wo sie einen Studienbesuch bei der EU absolvierte, zu den Spekulationen und Gerüchten Stellung nehmen. Das Außenministerium gab in einer Pressemitteilung bekannt, dass dies ein normaler vorausschauender Vorgang sei bei drei Königskindern im heiratsfähigen Alter, man wolle schlicht und ergreifend vorbereitet sein. Was die Presse natürlich dennoch als Aussage interpretierte, dass Victoria und Daniel endlich vor den Traualtar schreiten könnten.

Ein Interview, das Königin Silvia in den Weihnachtstagen gab, sorgte außerdem für Verlobungsgerüchte. Anlässlich ihres 65. Geburtstages hatte die Königin eine Reporterin der größten schwedischen Nachrichtenagentur in das Königliche Schloss gebeten. Die Journalistin fragte unter anderem nach Enkelkindern. Und Silvia antwortete mit einem strahlenden Lächeln: »Wer wünscht sich das nicht? Ich habe keine Ahnung, wie das dann sein wird. Wenn ich meine Freunde sehe, die Enkel haben, ist das natürlich ganz phantastisch. Man sieht, dass die Enkelkinder die süße Nachspeise des Lebens sind, die man einfach genießen kann, ohne dass man dauernd mit ihnen beschäftigt ist. Ich freue mich schon darauf.«

Dass Daniel ganz selbstverständlich an Victorias Seite an den diversen Hochzeiten in ihrem und seinem Freundeskreis teilnahm, war ein weiterer wichtiger Schritt für das Paar, doch eine Feier im Jahr 2008 hatte eine noch größere Bedeutung für Victoria und Daniel: Sie waren zusammen zum 40. Geburtstag des dänischen Thronfolgers Frederik auf Schloss Fredensborg eingeladen, der extra wegen Daniel seine Feier als privat deklariert hatte, um ihm die Teilnahme zu ermöglichen. Diese Geste zeigte ganz deutlich, dass Daniel nun endgültig in Victorias Welt angekommen und vor allem rundum akzeptiert war.

Und auch von Seiten des Königs erfolgte kurze Zeit später ein erneuter Beweis, dass Daniel als zukünftiger Schwiegersohn angenommen war: Da Victoria und ihr Freund nahezu ausschließlich in ihrer Wohnung im Seepavillon auf Drottningholm lebten, Daniel aber noch in der Stadt gemeldet war und dies zu Problemen mit der Steuerbehörde hätte führen können, ließ Carl Gustaf seinen Schwiegersohn in spe ab 1. Juli 2008 offiziell als Mieter des Pagenhauses, einem hübschen roten Gebäude mit Gästewohnungen auf dem Gelände von Drottningholm, eintragen – etwas, das es in dieser Form vorher noch nie gegeben hatte. Offiziell durften Victoria und Daniel erst nach der Verlobung zusammenleben, doch faktisch taten sie es ja jetzt schon. Und dass der König dies tolerierte, zeigte, wie er zu der Beziehung seiner Tochter stand.

Sein ungewöhnlicher Schritt sollte auch den immer

wiederkehrenden Spekulationen den Wind aus den Segeln nehmen, dass der König immer noch gegen eine Hochzeit sei und denen Victoria zunehmend vehementer widersprach. In einem Interview äußerte sie sich außerdem zu den Hochzeitsgerüchten: »Wenn es passiert, passiert es. Ich habe keine Eile, aber ich hoffe natürlich, dass ich irgendwann heirate. Ich freue mich, wenn meine Freunde heiraten, aber ich fühle mich wirklich nicht unter Druck in dieser Hinsicht.«

Einen großen Teil ihrer Zeit verbrachte Victoria auch in diesem Jahr auf Reisen, so war sie unter anderem Gast der Paralympics in Beijing und besuchte Indien, um dort diverse Entwicklungshilfeprojekte zu besichtigen und Land und Leute kennenzulernen. Aus einer Schule brachte sie eine erheiternde Essensanekdote mit: Ihre Gastgeber hatten ein tolles Unterhaltungsprogramm aus Tanz und Musik zusammengestellt, Gespräche mit den Schülern, ein Zusammenspiel aus indischer und schwedischer Tradition. Und um ihrem königlichen Besuch alle Ehre zu erweisen, wollte man wie in Schweden sieben verschiedene Kuchen zum Kaffee servieren. Doch vor Victoria bauten sich stattdessen sieben mächtige Torten auf, die teilweise mit einer dicken Sahneschicht bedeckt waren. Victoria schossen diverse Horrorszenarien von Sahne und Hitze durch den Kopf, doch um ihre Gastgeber nicht zu enttäuschen, musste sie ohne eine Miene zu verziehen von allen Torten probieren. Sie habe buchstäblich für König und Vaterland gegessen, sagte sie lachend in einem Interview.

Neben ihrer internationalen Ausbildung in Sachen Repräsentation und Entwicklungshilfe setzte sie auch ihre Studien in Friedens- und Konfliktforschung an der Universität Uppsala fort, die sie im Frühjahr 2009 mit insgesamt neunzig Punkten abschloss, dazu kamen sechzig Punkte in Politikwissenschaft von der Universität Stockholm. Insgesamt entspricht dies in etwa einem vollständigen Magisterstudium in Deutschland.

2008 war demnach ein sehr, sehr gutes Jahr für Daniel und Victoria, sowohl privat als auch beruflich – Daniel arbeitete weiter hart am Ausbau seines Unternehmens und plante die Eröffnung eines weiteren Balance-Studios in Solna. Einer baldigen Hochzeit stand also eigentlich nichts mehr im Wege, hätte man meinen können.

Und tatsächlich wurde in diesem Jahr am Hofe bereits eine Verlobung und Hochzeit für das Jahr 2009 besprochen. Doch ein gravierendes Hindernis mussten Victoria und Daniel noch überwinden, bevor sie sich endlich an die Hochzeitsvorbereitungen machen konnten: Daniels schwere Krankheit.

Seit seiner Kindheit leidet Daniel an einer reduzierten Nierenfunktion, was allerdings erst entdeckt wurde, nachdem er im Alter von sechzehn Jahren beim Fußballspielen eine Gehirnerschütterung erlitten hatte und sich einer gründlichen Untersuchung unterziehen musste. Die Krankheit war nicht bedrohlich, Daniel musste allerdings so gesund wie möglich leben und sich regelmäßigen Untersuchungen unterziehen. Auch das war ein Grund, warum Daniel so gut wie keinen Tropfen Alkohol trank. Mit Hilfe von ausgewogener Ernährung und viel Sport und Bewegung an der frischen Luft – kein Problem für den aktiven Daniel – und Medikamenten konnte die Krankheit viele Jahre in Schach gehalten werden, und nur seine engsten Vertrauten wussten überhaupt davon. Und natürlich Victoria und ihre Familie. Daniel konnte ein vollkommen normales Leben führen und sich sein Unternehmen aufbauen.

Im Jahr 2008 verschlechterten sich seine Werte allerdings so sehr, dass er schwer beeinträchtigt war. Große Müdigkeit, Erschöpfung, Appetitlosigkeit, immer häufigere Dialysen zehrten an dem so kräftigen und widerstandsfähigen Mann. Die Ärzte kamen zu dem Schluss, dass auf lange Sicht nur eine Nierentransplantation helfen würde. Nach einer geglückten Operation würde der Patient ein halbes Jahr Rekonvaleszenz benötigen, um wieder voll zu Kräften zu kommen. Doch zuerst musste ein geeigneter Spender gefunden werden. Als Erstes wird in solchen Fällen innerhalb der Familie gesucht, und Daniel hatte großes Glück, dass sein Vater Olle sich als geeigneter – und williger – Spender herausstellte und man so eine unbestimmte Wartezeit auf eine fremde Spenderniere umgehen konnte. Olle Westling musste allerdings vor der Operation noch einige Kilo abnehmen und Ausdauertraining betreiben, um für den schweren Eingriff in bestmöglicher körperlicher Verfassung zu sein.

Nach vielen Untersuchungen stand also fest, dass Daniel sich einer Nierentransplantation unterziehen würde, und die Ärzte empfahlen Frühsommer 2009 für die Operation, damit Daniel sich über den Sommer hinweg gut erholen konnte. Dies machte allerdings alle Hochzeitspläne für 2009 zunichte, 2010 wurde als neuer Termin für Verlobung und Trauung anvisiert. Doch da schaltete sich Victoria ein, die einfach nicht länger auf eine öffentliche Verlobung warten wollte. Sieben Jahre war sie bereits bald mit Daniel zusammen und sehnte sich danach, ihn endlich auch öffentlich an ihrer Seite zu haben, ihre große Liebe endlich offen leben zu können. Bisher durfte Daniel bei keinem ihrer Termine offiziell an ihrer Seite sein, was Victoria zunehmend belastete. Sie wollte doch all die spannenden Erlebnisse und Reisen mit ihm teilen, ihn aller Welt präsentieren, den Mann, auf den sie so unendlich stolz war!

Wieder einmal setzte Victoria ihren Kopf durch und überzeugte ihren konservativen Vater, sich mehr als ein Jahr vor einem möglichen Hochzeitstermin mit ihrem Daniel verloben zu dürfen. Normalerweise sollten nicht mehr als ein paar Monate zwischen Verlobung und königlicher Hochzeit vergehen, doch in den letzten Jahren war es immer üblicher geworden, bis zu einem Dreivierteljahr dazwischen vergehen zu lassen, vor allem bei der jungen Generation Thronfolger, die sich alle Bürgerliche zur Frau nahmen, vermutlich, um die zukünftigen Kronprinzessinnen an ein Leben im königlichen Rampenlicht zu gewöhnen.

Am 24. Februar 2009 wurde dann die Verlobung zwischen Victoria und Daniel offiziell bekanntgegeben, und das glückliche Paar zeigte aller Welt seine große Liebe. Zu diesem Zeitpunkt wusste noch kaum jemand von Daniels schwerer Krankheit, die ihn in dieser Zeit sehr schwächte, neue Medikamente zwangen ihn immer wieder zu längeren Ruhepausen. Doch es zeugt von der Stärke dieses jungen Mannes, dass man ihm während der Verlobungsfeierlichkeiten nichts von seinem schlechten Gesundheitszustand anmerkte, außer man wusste, wie es um ihn stand.

Doch er erholte sich zum Glück rasch wieder, so dass das frisch verlobte Paar am 12. März gemeinsam Victorias Namenstag im Hof des Königlichen Schlosses feiern konnte, Daniels erster öffentlicher Auftritt an Victorias Seite.

Während die Kronprinzessin auf einem blauen Podest den Wachwechsel abnahm, stand er mit der Königin etwa zwanzig Meter hinter ihr. Eine Militärkapelle spielte »Med en enkel tulipan uppå bemörkelseda'n« (auf Deutsch: »Mit einer einfachen Tulpe erleben wir den Festtag«) und ein ABBA-Medley. Der König weilte während der Zeremonie in der Internationalen Handelskammer. Schwedische Zeitungen schrieben daraufhin, Carl Gustaf sei aus Protest ferngeblieben, weil er nicht einverstanden sei, dass Daniel schon jetzt solche Termine wahrnehme. Seine Tochter habe sich aber durchgesetzt, weil sie stolz auf ihren Verlobten sei und diesen besonderen Tag mit ihm verbringen wollte. Der Wahrheitsgehalt dieser Meldung dürfte allerdings gleich Null gewesen sein, da Daniel nun als Verlobter Victoria offiziell begleiten durfte und es keinen Grund gab, ihn davon abzuhalten (abgesehen von seinem Gesundheitszustand natürlich).

In diesem Jahr fand am selben Tag auch das traditionelle Staatsessen der Regierung statt, bei dem sich Daniel auch an Victorias Seite befand. Als sie zusammen über einen Perserteppich zum Bankettprunksaal schritten, passierte etwas, an das Daniel sich noch gewöhnen musste: Seine Verlobte zeigte ihm, wo's langgeht, denn er war dabei, in die falsche Richtung zu gehen, doch Victoria zog ihn elegant, aber energisch am Arm und manövrierte ihn in die korrekte Ecke, wo beide neben Silvia und Carl Gustaf für die Fotografen posieren sollten. Daniel war erst ein wenig verdutzt, lächelte aber tapfer. An seinem ersten offiziellen royalen Arbeitstag war er sichtlich nervös.

Zum Galadinner mit Botschaftern und Regierungsmitgliedern trat der König dann erstmals mit seinem zukünftigen Schwiegersohn öffentlich auf. Von Familienzwist war nichts zu spüren.

Vatikanbotschafter Erzbischof Emil Paul Tscherrig überbrachte Verlobungsglückwünsche des Papstes, und ein Mitglied der britischen Delegation scherzte mit typisch englischem Humor, dass sich Victoria mit dem 24. Februar das Verlobungsdatum von Prinz Charles und Diana für die Verkündung ihrer Hochzeitsnachricht ausgesucht habe; er hoffe doch sehr, dass dies kein böses Omen sei.

Victoria trug Abendkleid, Orden und das mit Diamanten besetzte Napoleonische Stahl-Diadem und dazu ihre goldenen Glücks-Schuhe: Dieselben High Heels schmückten ihre königlichen Füße auch bei ihrem Verlobungsinterview am 24. Februar.

Beim Menü (Öko-Gänseleber, Seezunge, Bressetaubenbrüstchen und Schokoladenkäsekuchen) gab es nur noch ein Thema: Victoria und Daniel, deren Liebe deutlich zu sehen war. Sie saßen nebeneinander – entgegen dem Protokoll, nach dem Partner nicht zusammensitzen dürfen, sondern Tischherren beziehungsweise -damen bekommen.

Victoria und Daniel gingen zusammen herum und begrüßten alle Gäste. Jeder sah, wie glücklich die beiden waren.

Später im März brach Victoria zu einer Repräsentationsreise nach Brasilien auf, um dort beim Volvo Ocean Race, eine alle drei Jahre stattfindende Segelregatta, deren Kurs einmal rund um die Welt verläuft, Schweden und den schwedischen Sponsor Volvo zu vertreten. Daniel nahm sie kurzerhand mit. Dieser nutzte die Gelegenheit, um dem groß angelegten Hotelprojekt im Nordosten Brasiliens einen Besuch abzustatten, in das er vor einigen Jahren mit seinen Freunden Sandro Catenacci und Björn Ulvaeus investiert hatte.

Eines Abends beschlossen sie spontan, an der Copacabana am Strand von Rio de Janeiro ein kleines Interview zu geben. Auf die Frage, ob sie mit ihrem Partnerlook (beide trugen hellblaue Oberteile und helle Hosen) ihre Liebe zeigen wollten, lachte Victoria: »Das war keine Absicht. Wir hatten das nicht geplant – aber wir sind wirklich im Partnerlook.« Und wie gefiel ihnen Rio de Janeiro? Daniel: »Es geht uns prachtvoll. Es ist herrlich hier, unfassbar eigentlich. Wirklich außergewöhnlich, diese riesige Stadt und gleichzeitig dieser Strand.« Seine Meinung teilte auch Victoria: »Ja, es ist traumhaft, und wir sind sehr glücklich. Ich bin glücklich, dass Daniel dabei ist, und ich bin glücklich, hier in Brasilien sein zu dürfen.«

Es war nicht zu übersehen, wie sehr die beiden sich lieben und wie gut sie sich tun. Beide strahlten und hielten ständig Körperkontakt.

Doch nach ihrer Rückkehr aus Brasilien verschlechterte sich Daniels Gesundheitszustand dramatisch, so dass die geplante Nierentransplantation sehr bald erfolgen musste.

Am 17. April stellten sich Victoria und Daniel bei einem Galadinner den Mitgliedern der schwedischen Regierung und der schwedischen Führungselite vor, und als beide nach dem Essen zum Tanzen aufgefordert wurden, wehrten sie lächelnd ab. Noch wusste zu diesem Zeitpunkt kaum jemand, wie krank Daniel an diesem Abend wirklich war. So wurde ihm seine Zurückhaltung von der Presse ungerechterweise als Affront gegenüber dem König und der Regierung ausgelegt.

Die offizielle Pressemeldung des Hofes am 27. Mai 2009, dass Daniel sich einer Nierentransplantation unterzogen habe und die Operation äußerst zufriedenstellend verlaufen sei, schlug in Schweden ein wie eine Bombe.

»Daniel Westling hat sich heute im Karolinska Universitätskrankenhaus einer Nierentransplantation unterzogen. Grund für den Eingriff ist eine angeborene, jedoch nicht vererbbare Krankheit, die zu herabgesetzer Nierenfunktion führt. Die Notwendig-

keit der Operation stand seit längerer Zeit fest. Der Eingriff wurde heute wie geplant durchgeführt und verlief ohne Komplikationen. Der Spender ist der Vater des Patienten. Beiden geht es gut.«

Ursprünglich hatte das Königshaus Daniels Krankheit und die notwendige Operation noch viel länger geheimhalten wollen, um Daniel und Olle Westling so viel Ruhe und Abgeschiedenheit wie möglich zu verschaffen. Doch nach einer Presseanfrage am Tag der Operation sah sich der Hof gezwungen, besagte Mitteilung herauszugeben.

Es war sowieso schon ein Wunder, dass nach Daniels und Olle Westlings häufigen Untersuchungen und Arztbesuchen der letzten Monate – Daniel musste wöchentlich zur Blutabnahme in die Klinik, von den Dialysen ganz zu schweigen – nichts von seinem Gesundheitszustand an die Öffentlichkeit gedrungen war. Alle Beteiligten hatten voll und ganz die Bitte des Königs respektiert, seinen Schwiegersohn in spe sich in Ruhe auf die große Operation vorbereiten zu lassen.

Unter größter Geheimhaltung war die Familie Westling am 27. Mai ins Karolinska Krankenhaus gefahren worden, wo man Daniel und Olle für die Operation vorbereitete. Nach etwa drei Stunden – einer normalen Dauer für eine Nierentransplantation – wurden sie aus dem OP in ein gemeinsames Zimmer gerollt. Daniel war zwar sehr erschöpft, konnte aber einige kurze Telefonate führen. Das erste natürlich mit Victoria, die zu dieser Zeit gerade mit Kronprinz Haakon von Norwegen und Kronprinz Frederik von Dänemark auf Grönland weilte, um dort Umweltproblematiken zu dokumentieren. Natürlich war die Kronprinzessin fast krank vor Sorge um ihren geliebten Daniel, und im Vorfeld war viel diskutiert worden, ob sie die von langer Hand organisierte Reise absagen sollte oder nicht. Daniel überzeugte sie schließlich davon, wie geplant zu fliegen, da er sich zum einen absolut sicher und aufgehoben bei seinen Ärzten fühlte, und es zum zweiten viele Fragen aufgeworfen hätte, wenn Victoria von der Forschungsreise zurückgetreten wäre. So befand sie sich dreitausend Kilometer vom Krankenbett ihres Verlobten entfernt und hatte ständigen Telefonkontakt mit Eva Westling gehalten, die sie über den Gesundheitszustand von Olle und Daniel auf dem Laufenden hielt.

Schon einen Tag nach der Operation konnte Daniel einige Schritte auf dem Krankenhauskorridor machen, und nach einer Woche wurde er auf eigenen Wunsch nach Drottningholm entlassen. Seine lebenslange gesunde Ernährung und körperliche Fitness kamen ihm jetzt zugute, der Genesungsprozess verlief ausgesprochen gut, auch wenn er sich die ersten Wochen und Monate nur sehr vorsichtig draußen bewegen durfte, das Risiko einer Infektion war noch sehr groß. Doch bald schon sah man ihn wieder durch den Schlosspark joggen und am Mittsommerwochenende mit seinen Eltern durch Ockelbo spazieren.

Die Nachricht von seiner schweren Operation hatte eine riesige Welle des Mitgefühls und der Sympathie in Schweden ausgelöst, und Daniel erhielt Unmengen von Gute-Besserungs-Wünschen aus dem Volk, was ihn und

Victoria tief bewegte. Daniel äußerte sich gerührt: »Es wird einem warm ums Herz, wenn man erfährt, wie viele Menschen an einen denken. Es geht mir richtig gut nach der Operation, obwohl ich noch nicht herumspringen kann.«

An ihrem Geburtstag am 14. Juli zeigte er sich erstmals nach der Operation in der Öffentlichkeit und absolvierte auch zum ersten Mal die Feierlichkeiten zu ihrem Ehrentag auf Öland an ihrer Seite. Bilder zeigen eine überglückliche Victoria, die ihren Daniel immer wieder verliebt und stolz von der Seite anschaut und kaum zu fassen scheint, dass ihr großer Traum, ihr Ziel, auf das sie so lange hingearbeitet hat, endlich wahr geworden war.

Im August 2009 zeigten sich Victoria und Daniel ein weiteres Mal in der Öffentlichkeit, diesmal auf der Hochzeit von Ellen Stendahl und Jan Dinkelspiel (Jan ist der Bruder von Peder Dinkelspiel, dem Mann von Victorias bester Freundin Caroline). Daniel war in seinem edlen Smoking nichts mehr von den überstandenen Strapazen anzusehen, und Victoria war einfach nur bezaubernd in einem leuchtend pinkfarbenen Kleid, das ihre durchtrainierten Oberarme betonte. Wieder einmal wurde deutlich, wie sehr sich die Kronprinzessin in den letzten Jahren verändert hatte, wie viel stärker, souveräner und in sich ruhender sie geworden war. Und sie wurde es nicht müde zu betonen, wie sehr ihr die Beziehung zu Daniel dabei geholfen hatte.

Im August hatte es auch ein weiteres glückliches Ereignis für die Familie gegeben – Prinzessin Madeleine hatte sich mit ihrem langjährigen Freund, dem Stockholmer Juristen Jonas Bergström verlobt.

Doch da Daniel in den folgenden Monaten nur einmal öffentlich an Victorias Seite erschien – bei einer Gala für die Krebsstiftung EORTC in Monte Carlo im Oktober fehlte er ebenso wie beim jährlichen Nobel-Dinner im Dezember, bei dem der Hof sein Fernbleiben mit einer grassierenden Grippewelle und der Rücksicht auf sein angegriffenes Immunsystem begründete –, wurden bald wieder Spekulationen über seinen Gesundheitszustand laut. Der Hof ließ daraufhin mitteilen, dass Daniel Westling erst nach der Hochzeit in vollem Umfang seine offiziellen Aufgaben wahrnehmen werde.

Im November 2009 nahm er allerdings doch einen Termin an der Seite seiner Verlobten wahr. Zum »Tag der Kinderrechte« hatte Königin Silvia zum Königinnen-Gipfel nach Stockholm geladen, um den 20. Jahrestag der Verabschiedung der UN-Kinderrechte zu feiern. Für die Königlichen Hoheiten hatte sie einen Bus gechartert, der die Gruppe vom Schloss zum Galakonzert in die Berwaldhalle, den Konzertsaal des schwedischen Rundfunks, brachte. Überraschend und zur großen Freude der Schweden stieg Daniel Westling Hand in Hand mit der Kronprinzessin aus dem Reisebus. Auf dem obligatorischen Gruppenfoto kann man sehen, wie Victoria und Daniel verliebt zusammenstehen und miteinander tuscheln.

Die Weihnachtsansprache des Königs an das schwedische Volk war für Daniel wie ein familiärer Ritterschlag.

Carl Gustaf betonte ausdrücklich, wie sehr ihm das Glück seiner Töchter am Herzen liege. Der König: »In naher Zukunft gibt es in unserer Familie zwei Ereignisse, die mich mit großer Freude erfüllen. Ich denke natürlich an die Hochzeiten meiner Töchter Victoria und Madeleine. Als ich heranwuchs, war es keine Selbstverständlichkeit, dass man denjenigen heiraten konnte, den man liebte. Ich bin deshalb über alle Maßen glücklich darüber, dass meine Töchter mit ihrem Herzen wählen konnten. Ich danke voller Demut dem schwedischen Volk für seine Unterstützung.«

Noch vor einigen Jahren wäre es vollkommen undenkbar gewesen, dass sich Carl Gustaf in aller Öffentlichkeit so über Daniel äußert. Doch mittlerweile war ihm der Junge aus Ockelbo ans Herz gewachsen.

Silvester verbrachten Daniel und Victoria nach alter Familientradition in Storlien – auf Skiern. Damit wies Daniel erneut alle düsteren Gerüchte um seinen Gesundheitszustand in die Schranken.

Weihnachten hatte das Paar noch getrennt verbracht. Victoria feierte mit ihren Eltern und Geschwistern, Daniel war bei seiner Familie in Ockelbo. Doch nach den Festtagen reisten die beiden mit Freunden nach Storlien, um dort den Jahreswechsel zu feiern. Auf der Piste spielte Victoria ausgelassen mit den Kindern ihrer Freundinnen.

Auf die Frage einer Reporterin, ob sich Schweden bald auf royalen Nachwuchs freuen könne, antwortete sie: »Ich habe mir immer Kinder gewünscht. Aber jetzt kommt erst die Hochzeit. Es muss noch sehr viel organisiert werden, die Vorbereitungen laufen auf vollen Touren. Aber zum Glück haben wir ja noch Zeit.«

Und dann sagte sie mit einem strahlenden Lächeln: »Uns geht es gut, so gut.« Auch ihr Verlobter machte einen entspannten Eindruck und sagte: »Ich fühle mich super. Und das Skifahren macht richtig Spaß.«

Im Januar 2010 begann schließlich Daniels sogenannte »Prinzenschule«, zu dessen Start der Palast folgendes Kommunique herausgab:

> »*Einführungsprogramm für*
> *Herrn Daniel Westling*
> *Herr Daniel Westling nimmt an einem Programm des Königlichen Hofes teil, um seine Kenntnisse über die Organisation des Hofs zu vertiefen. Unter anderem beschäftigt er sich mit den Zeremonien, die mit der Geschichte der Monarchie verbunden sind, und mit dem Kulturerbe des schwedischen Königshauses.«*

Das Programm wurde auf eineinhalb Jahre angesetzt. Zu seinem Lehrer und Mentor bestimmte das Königshaus den stellvertretenden Zeremonienmeister des Hofes, Jan-Eric Warren – einen Brigadegeneral. Er unterrichtete Daniel in Politikwissenschaft und Landesgeschichte und weihte ihn in die Arbeitsweise von Regierung und Reichstag ein. Die bürgerlich geborenen Kronprinzessinnen von Dänemark und Norwegen hatten eine ähnliche Ausbildung durchlaufen.

Nach den ersten Wochen zeigte sich Jan-Eric Warren begeistert von Daniels Lerneifer und Auffassungsgabe.

Schon in den ersten Unterrichtstagen durfte Daniel sich im Praxistest beweisen, als er mit Victoria in den ersten Januartagen in einer streng geheim gehaltenen Mission nach Afghanistan flog, um in Masar-e Scharif im Norden des Landes schwedische Truppen zu besuchen. Es war das erste Mal, dass er die Kronprinzessin auf einer offiziellen Auslandsreise begleitete. Tagsüber informierten sich die beiden über den Einsatz, sprachen mit den Soldaten im finnisch-schwedischen Lager über ihre Erfahrungen, ließen sich das Cockpit eines Panzers erklären oder tranken mit den Soldaten Kaffee. Das Paar schlief im Militär-Camp in einem Wohncontainer. Die Soldaten zeigten sich sehr berührt von dem königlichen Besuch und dem Interesse, das ihrem Einsatz an der Front entgegengebracht wurde.

Die ersten Repräsentationstermine hat Daniel also mit Bravour hinter sich gebracht, und kaum einer wird mehr daran zweifeln, dass Victoria den richtigen Mann an ihrer Seite gewählt hat.

6

KRONPRINZESSIN VICTORIA

*»Ich wurde geboren,
um Schweden zu helfen«*

Victoria privat

Neben ihrer offensichtlichen Schönheit bezaubert Victoria ihre Umwelt vor allem durch ihre umwerfende Natürlichkeit, die sie sich trotz aller Verhaltensregeln für eine Thronfolgerin bewahrt hat. Carl Gustaf und Silvia haben großen Wert darauf gelegt, ihre Kinder so normal und bodenständig wie möglich zu erziehen, sie auf öffentliche Schulen zu schicken und sie nicht übermäßig zu verwöhnen.

Von ihren Eltern hat Victoria schon von Kindesbeinen an eine tiefe Liebe zu Tieren und zur Natur mitbekommen; ihr Vater Carl Gustaf sagt von sich selbst zum Beispiel, dass er, falls er nicht König geworden wäre, am liebsten als Landwirt arbeiten würde. Fischerei, Jagd, selbst das Pflügen mit dem Traktor und die Arbeit im Schlossgarten auf Solliden sind das wahre Element des Königs. Victoria eiferte ihm schon als kleines Mädchen nach und konnte sich stundenlang im Freien aufhalten. Besonders begeistert war sie von den landwirtschaftlichen Experimenten ihres Vaters, vor allem von seiner Krabbenzucht und den Truthähnen, die so gut gediehen, dass sie in keinen normalen Ofen passten. Victoria selbst hat vor einigen Jahren eine Bienenzucht auf Solliden begonnen.

Auch heute noch ist sie am liebsten draußen, spielt Golf, unternimmt lange Spaziergänge mit Daniel auf

Drottningholm oder joggt. Außerdem ist sie eine begeisterte und talentierte Skifahrerin, die von klein auf im jährlichen Winterurlaub der Familie in ihrem Chalet in Storlien im schwedischen Fjäll auf Skiern stand. Diese Leidenschaft teilt sie mit Daniel, und die beiden versuchen, mindestens einmal im Winter in die Alpen oder ein anderes Skigebiet zu fahren.

Sie und Daniel sind außerdem begeisterte Basketball- und Eishockeyfans und oft bei Spielen des Ockelboer Basketballvereins oder bei Eishockeyspielen im Stockholmer Globen anzutreffen, wo sie sich ganz normal auf die Zuschauerränge setzen, da dort die Stimmung am besten ist.

Solliden, Storlien und Saint-Maxime – drei Ferienorte, deren Besuch Familientradition ist und die ungeheuer prägend für Viktoria waren, allen voran natürlich das herrliche Schloss auf Öland, wo schon Carl Gustaf als Kind seine Sommerurlaube verbrachte und das in den Jahren 1903 bis 1906 im Auftrag Königin Victorias als Sommerresidenz erbaut wurde. Hier wurde auch an Prinzessin Victorias erstem Geburtstag die Tradition begründet, jedes Jahr den sogenannten »Victoria-Tag« auf Solliden zu feiern, ein Fest, das mit jedem Jahr größer geworden ist und mittlerweile riesige Ausmaße hat. Victoria nimmt in der öländischen Tracht die Glückwünsche der Bevölkerung entgegen, namhafte Musikgruppen spielen ihr zu Ehren. Dieser Tag bedeutet Victoria unerhört viel.

Sehr große Bedeutung in ihrem Leben hat natürlich

auch ihre Familie, Victoria hängt sehr an ihren Eltern und ihren Geschwistern. Etwas, das sie mit Daniel gemeinsam hat – auch er ist ein ausgesprochener Familienmensch und liebt seine Eltern und seine Schwester über alles.

Carl Gustaf und Silvia haben trotz ihres vollen Terminplans darauf geachtet, jede freie Minute mit ihren Kindern zu verbringen und ein so normales Familienleben wie möglich zu etablieren. Gutenachtgeschichten, Einschlaflieder wie »Hänschen klein«, wildes Fangenspielen im Königlichen Schloss, liebevolle Weihnachtsbäckerei, jede Menge Haustiere und so viel gemeinsam verbrachte Mahlzeiten wie möglich – von Silvia oder Carl Gustaf selbst zubereitet – garantierten eine harmonische Kindheit, trotz der häufigen Abwesenheit der Eltern. Die dann auch mal streng sein konnten – vom Tisch aufstehen durften die Kinder erst, wenn der Teller leer gegessen war. Das konnte vor allem bei Carl Philip und Madeleine schon mal länger dauern; Victoria dagegen sagt von sich, dass sie ein unproblematischer Esser sei und im Grunde alles möge. Eine Eigenschaft, die ihr auf ihren vielen Reisen in die exotischsten Länder auf jeden Fall sehr nützlich ist, da sie natürlich aus Höflichkeit und Respekt dort alles essen muss, was man ihr serviert.

Einen besonderen Platz in ihrem Herzen nimmt ihr Bruder Carl Philip mit seiner ruhigen und besonnenen Art ein. Mit ihm versteht sie sich fast blind, ihr Verhältnis ist äußerst harmonisch. Mit der temperamentvollen Madeleine kann es dagegen schon mal zu lautstarken Streits kommen, doch die Unstimmigkeiten halten nie lange an. Madeleine ist diejenige in der Familie, die am ehesten sagt, was sie denkt und in vielen Punkten ganz offen ihre Meinung vertritt. So war sie immer eine vehemente Befürworterin von Victorias Beziehung zu Daniel, vor allem in den Zeiten, als ihrer Schwester und ihrer großen Liebe von allen Seiten Bedenken und sogar offene Ablehnung begegneten.

Ein unverrückbares Ritual der Familie ist das sonntägliche Abendessen auf Drottningholm, bei dem kein Familienmitglied fehlen darf. Hier kommt man nach einer langen Woche mit vielen Terminen zusammen, der König kocht meist selbst, man isst gemeinsam, und alle erzählen, was sie in den letzten Tagen erlebt haben. Selbstverständlich sind auch die Partner der Kinder eingeladen.

In ihrer Freizeit treibt Victoria viel Sport und entspannt gerne vor dem Fernseher bei amerikanischen Serien. In den letzten Jahren hat sie auch Hörbücher für sich entdeckt, denen sie sich mit Begeisterung widmet. Favoriten sind hier Stieg Larsson und Camilla Läckberg, zwei der bekanntesten schwedischen Krimiautoren. Seit ihrer Jugend interessiert sie sich sehr für Kunst, malt und zeichnet und hat diese Talente durch Seminare während ihrer Zeit in den USA vertieft. Sie ist außerdem eine begeisterte Fotografin (ein weiteres Hobby, das sie mit Daniel teilt) und dokumentiert alle ihre Reisen und großen Anlässe.

Sie trinkt gern grünen Tee und isst mit Vorliebe Sushi und Pasta. In offiziellen Zusammenhängen hält sie sich allerdings sehr mit ihren wirklichen Vorlieben zurück – die Gefahr ist zu groß, dass sie eine Speise bei jedem Staatsbesuch und jedem Repräsentationsauftrag serviert bekommt, wenn sie sich einmal positiv darüber geäußert hat.

Sie erzählt oft lachend eine Episode, die sich bei ihrem Besuch in den Vereinigten Arabischen Emiraten im Jahr 2008 zugetragen hat. Unvorsichtigerweise ließ sie bei einem öffentlichen Termin in einem Nebensatz fallen, dass sie Datteln sehr gern möge. Als sie auf ihr Hotelzimmer zurückkam, war jede freie Fläche in dem Raum mit Datteln gefüllt – Datteln mit Pistazien, Datteln mit Schokoladenüberzug, Datteln natur, Datteln mit Marzipan, mit Marmelade – überall nur Datteln. Da Victoria aus Höflichkeit kein Essen zurückweisen möchte, begab sie sich zusammen mit ihren Leibwächtern und ihren Mitreisenden in den Kampf gegen die Dattelflut.

Victorias Vertraute

Ein großes Vorbild für Victoria sind ihre Eltern, auch wenn sie nicht immer mit ihnen – vor allem mit ihrem doch recht konservativen Vater – einer Meinung ist. Doch sie bewundert Carl Gustaf und Silvia sehr für die Art, wie sie für ihr Land, für ihre Arbeit, aber auch für ihre Familie da sind. Besonderen Respekt hat sie vor ihrer Mutter und davor, wie diese sich damals in ihre

Rolle als Königin Schwedens eingefunden hat, in einem fremden Land, mit einer fremden Sprache und einer völlig neuen Lebenswelt. Auch bewundert sie das soziale Engagement ihrer Mutter, die nicht nur der von ihr gegründeten Organisation World Childhood Foundation vorsteht, sondern sich auch für die Förderung jugendlicher Behinderter im Sport, Demenzforschung und noch eine Vielzahl anderer sozialer Projekte engagiert.

Von ihrem Vater hat sich Victoria immer wieder wertvolle Ratschläge für ihre Rolle als Kronprinzessin geholt, für den Umgang mit den Medien und wie man erkennt, wer echte Freunde sind und wer sich nur an das Königshaus anbiedern möchte.

Und natürlich ist er ihr großes Vorbild und ihr großer Lehrmeister für ihre Rolle als zukünftige Königin Schwedens.

Sehr wichtig für Victoria sind natürlich auch ihre Geschwister, für die sie sich früher als große Schwester immer verantwortlich gefühlt hat. Mit den Jahren haben die drei eine verschworene Gemeinschaft gebildet, und auch jetzt sind sie sich immer noch sehr, sehr nahe.

Victorias Lieblingsgeschwister ist allerdings fast Carl Philip, dem sie sich besonders nahe fühlt.

Carl Philip Edmund Bertil, Herzog von Värmland, wurde am 13. Mai 1979 als zweites Kind von Carl Gustaf und Silvia geboren. Ein halbes Jahr nach seiner Geburt wurde ihm der Status des Kronprinzen per Regierungsbeschluss aberkannt, ein Ereignis, das sein Leben und das seiner großen Schwester grundlegend veränderte, über das er und Victoria nach eigenem Bekunden allerdings noch nie gesprochen haben.

Als ganz normaler Prinz konnte er weitestgehend ruhig und wie alle anderen Kinder aufwachsen, hatte in seiner Schulzeit allerdings auch mit dem Familienerbe Dyslexie zu kämpfen und verbrachte deshalb unter anderem zwei Jahre auf einer Privatschule in den USA, um dort gezielte Unterstützung zu bekommen. 1999 machte er in Schweden sein Abitur und war danach in seiner Berufswahl völlig freigestellt. Zuerst absolvierte er eine Ausbildung bei der schwedischen Marine, wo ihm 2002 der Rang eines Offiziers verliehen wurde. 2007 erhielt Carl Philip den Rang eines Kapitäns.

2006 schloss er ein zweijähriges Studium an der Forsbergs Schule für Design ab, an das er weitere Studien in Fotografie und Bildbearbeitung anschloss, unter anderem in Form eines Praktikums bei der National Geographic Society in Washington. Weitere Teile seiner militärischen Ausbildung absolvierte er an der Försvarshögskola in Stockholm und verbrachte 2007 ein Semester an der renommierten Designakademie Rhode Island School of Design in den USA. 2008 gewann Carl Philip einen Wettbewerb zur grafischen Umgestaltung des Martha's Vineyard Museums auf Rhode Island. Er hatte seinen Beitrag unter Pseudonym eingereicht.

Dies war nicht der erste Preis, den Carl Philip für seine Arbeiten gewonnen hatte. Viel Lob erhielt er 2007 auch für seine Fotoausstellung »Ein Schimmer vom Paradies – Prinz Carl Philip interpretiert den Botanischen Garten in Uppsala«. Die Ausstellung war Ergebnis der

Zusammenarbeit mit dem Fotografen Mattias Klum, den Carl Philip auch auf einigen Reisen für den Film *Expedition Linné* begleitet hat.

Seit 2008 studiert Carl Philip Land- und Forstwirtschaft an der Landwirtschaftsuniversität in Alnarp. 2009 wurde ein von ihm designtes Silberbesteck mit großem Erfolg auf den Markt gebracht.

Ganz frei von Repräsentationspflichten ist der Prinz natürlich nicht, auch wenn er sich diese größtenteils selbst aussuchen kann. Pflichttermine sind für ihn – wie für die ganze Familie – die drei jährlichen Fototermine, bei denen die ganze Königsfamilie offizielle Bilder anfertigen lässt.

Privat verbringt Carl Philip viel Zeit mit seiner Rottweilerhündin Gila, mit der er stundenlange Spaziergänge unternimmt. Allgemein wird er als sehr ruhig, besonnen und diplomatisch gesehen. Doch der Prinz hat auch eine wilde Seite, er feiert ab und zu recht gern und hat eine Vorliebe für sportliche Extremwettbewerbe wie das Volvo Ocean Race, eines der härtesten Segelrennen der Welt. Er fährt sehr gern Ski und hat einen Jagdschein. Außerdem ist er begeisterter Rennfahrer, etwas, um das ihn sein ebenso autovernarrter Vater ein wenig beneidet. Mutter Silvia sieht das wie alle Mütter – sie ist nervös, wenn er auf der Rennbahn um die Kurven rast.

Im März 2009 wurde bekannt, dass er und seine langjährige Freundin, die PR-Expertin Emma Pernald, sich nach beinahe zehnjähriger Beziehung getrennt haben. Nähere Aussagen zu den Gründen für die Trennung verweigerten beide, doch es soll sich um eine gemeinsame

Entscheidung gehandelt haben, die nicht nur das Paar selber, sondern auch seine direkte Umgebung sehr traurig machte.

Besonders seine Schwestern Victoria und Madeleine waren bestürzt über diese Nachricht, denn Emma war auch ihnen eine sehr gute Freundin geworden. Und vor allem wollten sie natürlich ihren Bruder glücklich sehen. Nach der Trennung wurden Carl Philip und Emma noch oft zusammen gesehen, so dass die Gerüchte, dass die beiden doch wieder zueinanderfinden könnten, ständig neue Nahrung bekommen.

Prinzessin Madeleine ist die lebendigste und extrovertierteste unter den Geschwistern, die sich gern und oft ins Stockholmer Nachtleben stürzt, auf der anderen Seite aber auch sehr viel Zeit für sich braucht und am wenigsten gern im Blickpunkt der Öffentlichkeit steht.

Madeleine Thérèse Amelie Josephine, Herzogin von Hälsingland und Gästrikland, wurde am 10. Juni 1982 geboren.

Nach einer normalen Schullaufbahn legte sie 2001 ihr Abitur ab und verbrachte die nächsten zwei Jahre mit verschiedenen Studien (unter anderem Englisch in England, Computerwissenschaft und Jura), um dann 2003 an der Universität Stockholm ein Studium der Kunstgeschichte (60 Punkte), Ethnologie (40 Punkte) und Geschichte (20 Punkte) aufzunehmen, ergänzt durch Architektur- und Formgebungspraktika. 2006 schloss sie ihr Studium mit einem fil. kand. ab, etwa einem deutschen Magister. Seither liegt ihr Hauptengagement auf humanitärer Hilfe, ergänzt durch Kurse an der Universität Stockholm und ein Praktikum bei UNICEF in New York. Außerdem arbeitet sie in der Organisation World Childhood Foundation ihrer Mutter Silvia mit. Das Wohl von Kindern liegt ihr sehr am Herzen, und sie arbeitet vor allem in den Bereichen »sexuelle Ausnützung von Kindern«, »Teenagermütter«, »Kinder in Kriegsgebieten« und »Trafficking«. Ihre Arbeit wird begleitet von diversen Kongressen und Symposien in Europa und den USA, die sie mit Königin Silvia zusammen besucht, die sich sehr über die Unterstützung durch ihre Tochter freut. Prinzessin Madeleine hat auch eine eigene Stiftung ins Leben gerufen, »Min stora dag« (zu Deutsch »Mein großer Tag«), die kranken Kindern ihre größten Wünsche erfüllt.

Privat hat Madeleine große Freude an Mode und kann stundenlang mit ihren Freundinnen durch die exklusiven Boutiquen in Östermalm streifen. Nicht umsonst ist sie eine der schönsten und schickesten Prinzessinnen Europas und heißbegehrt.

Ihr Herz gehörte fast acht Jahre lang dem Stockholmer Anwalt Jonas Bergström, mit dem sie sich im August 2009 sogar verlobte, die Verlobung jedoch im April 2010 wieder löste. Die Verlobung zwischen Madeleine und Jonas hatte von Anfang an unter keinem guten Stern gestanden; die resolute Prinzessin hatte sich bereits im April 2009 schon einmal von dem erfolgreichen Anwalt getrennt. Sie hatte das Gefühl gehabt, Jonas nehme die Beziehung nicht ernst genug.

Doch offenbar hatte Jonas Bergström zu diesem Zeitpunkt den Ernst der Lage erkannt und Madeleine zu einem gemeinsamen Urlaub im Juni auf Capri überredet, um ihrer Beziehung noch eine Chance zu geben. Dort hielt er um ihre Hand an, und ein halbes Jahr lang freute sich ganz Schweden darauf, gleich zwei royale Hochzeiten innerhalb eines Jahres zu feiern.

Die offizielle Bekanntgabe der Verlobung fand erst zwei Monate später im August statt. Man hatte erst den Wirbel um Daniels Operation abwarten wollen, bevor man mit der Nachricht von Madeleines Verlobung an die Presse ging. Die Freude in der Familie und im Bekanntenkreis war groß, und auch die Medien stürzten sich auf die Hochzeitspläne der jüngsten schwedischen Königstochter.

Umso überraschter reagierte die Öffentlichkeit, als im April 2010 verkündet wurde, dass die Hochzeit nun doch nicht im selben Jahr stattfinden werde wie die Vermählung von Victoria und Daniel. Königin Silvia nannte als Grund dafür, dass Madeleine bei ihrer Hochzeit dieselbe Aufmerksamkeit zustehen solle wie ihrer großen Schwester, aus diesem Grund sei ihr großer Tag auf einen späteren Zeitpunkt verschoben worden.

Zwar betonte das Königshaus einmal mehr, dass zwischen den beiden Verlobten alles zum Besten stehe, doch die Spekulationen über ein mögliches Beziehungs-Aus hielten an.

Und nicht nur das, sie wurden noch zusätzlich dadurch entfacht, dass Madeleine seit Ende 2009 an öffentlichen Anlässen immer häufiger ohne Jonas Bergström teilnahm.

Zwar wurden alle Trennungsgerüchte offiziell weiter dementiert, doch schließlich meldete sich im April 2010 die junge Norwegerin Tora Uppstrøm Berg in einer norwegischen Zeitschrift zu Wort. Angeblich habe sie eine Affäre mit Bergström gehabt. Dieser habe ihr jedoch nicht seinen wirklichen Namen genannt, so dass sie nicht gewusst habe, dass es sich um den Verlobten der schwedischen Prinzessin gehandelt habe.

Nun ging alles ganz schnell: Wenige Tage nach dieser Enthüllung löste Madeleine die Verlobung mit Jonas und beendete die fast achtjährige Beziehung.

In glücklichen Tagen hatte sie einmal über ihn gesagt: »Jonas ist der tollste Mensch auf der Welt und mein bester Freund.« Wie schmerzhaft müssen das plötzliche Ende dieser Beziehung und vor allem die hässlichen Umstände der Trennung für Madeleine gewesen sein. Traurig und gedemütigt zog sie sich erst einmal in die USA zurück, um diese schockierende Erfahrung zu verarbeiten.

Da Victoria von klein auf viel mit älteren Menschen zusammen war (im Königlichen Schloss und auf Drottningholm gab es ja nur sie und ihre Geschwister, sonst keine weiteren Kinder), gehörten auch ältere Verwandte sowie ihre geliebte Kinderfrau Ingrid »Nenne« Björnberg zu ihren ersten Vertrauten.

Einen wichtigen Platz nehmen Prinz Bertil und seine Frau Lilian May, geborene Davies, für die junge Victoria ein. Prinz Bertil (1912–1997) war der Sohn König Gustavs VI. Adolf und Bruder des Kronprinzen Prinz Gustaf

Adolf und stand somit in der Thronfolgereihe ganz weit oben. Bertil war als junger Mann ein begeisterter Rennfahrer – was König Carl Gustaf und Prinz Carl Philip offensichtlich von ihm geerbt haben. Karriere machte er als Marineoffizier. 1943 lernte er während seiner Zeit als Marineattaché in London die verheiratete Lilian Craig (geborene May Davies) kennen, schon bald wurden die beiden ein Paar. Doch lange mussten sie ihre Liaison geheim halten, da eine Hochzeit mit der bürgerlichen Lilian vollkommen ausgeschlossen war, außer Bertil verzichtete wie schon seine Brüder Sigvard und Carl Johan auf seinen Status als Thronfolger. Nach dem Tod Gustaf Adolfs, Vater des späteren Königs Carl XVI. Gustaf, war er das einzige erwachsene Familienmitglied, das im Falle des Todes von König Gustav VI. Adolf den Thron hätte besteigen können. Daher lebten er und seine große Liebe Lilian in wilder Ehe zusammen – beziehungsweise in der offiziellen Version mit Lilian als seiner Haushälterin –, große Teile des Jahres in ihrer Villa in Saint-Maxime, die Carl Gustaf später erben sollte, sowie in der Villa Solbacken auf Djurgården. Erst 1976, nachdem Carl Gustaf den Thron bestiegen hatte, durften Bertil und Lilian nach dreißig Jahren als Paar per Sondererlaubnis des Königs heiraten, ohne dass Bertil seinen Status verlor.

Nach dem Flugzeugabsturz seines Bruders trat Prinz Bertil bei dem damals einjährigen Carl Gustaf an Vaters Stelle und später dann an Großvaters für Victoria, Carl Philip und Madeleine. Die ganze Familie war durch seinen Tod zu Beginn des Jahres 1997 tief erschüttert, doch am härtesten traf es Victoria, für die Prinz Bertil ein enger Vertrauter war. Und nicht nur er, sondern auch seine Frau »Auntie Lilian«, zu der sie bis heute ein inniges Verhältnis hat. Wer, wenn nicht die Frau, die dreißig Jahre auf ihre eigene Ehe warten musste, könnte Victoria in den letzten Jahren besser verstanden haben?

Auch Prinz Bertils Schwester Ingrid (1910–2000), die Königin von Dänemark und Mutter der heutigen Regentin Königin Margrethe, war eine wichtige Vertraute und Ratgeberin für die junge Kronprinzessin. »Ich weiß nicht, was ich ohne sie in manchen Situationen getan hätte. Sie ist einer der klügsten Menschen, die ich je gekannt habe«, äußerte sich Victoria überaus liebevoll über ihre Großtante.

Die dritte wichtige Bezugsperson aus der Großelterngeneration für Victoria war ihre Großmutter mütterlicherseits, Alice de Toledo Sommerlath (geboren 1906 in Porto Feliz in Brasilien, gestorben 1997 in Stockholm). Alice kam aus einer adeligen portugiesisch-brasilianischen Familie und konnte ihre Wurzeln sogar auf den Indianerhäuptling Tibiriçá zurückführen, der im sechzehnten Jahrhundert in Brasilien lebte. 1925 heiratete Alice den deutschen Unternehmer Walter Sommerlath und bekam vier Kinder mit ihm, Silvia, Ralf, Walther und Jörg. Ihre eigene strenge Erziehung gab sie an ihre Kinder weiter, vor allem an Tochter Silvia, aus der einmal eine wohlerzogene Dame werden sollte, die sich gewandt in den besten Kreisen bewegen konnte. Mutter und Tochter hatten ein sehr enges Verhältnis, und Alice lebte ab der Geburt des ersten Enkelkindes immer wieder längere Zeit bei dem schwedischen Königspaar, um ihrer Tochter und den Enkeln nahe zu sein. Nach dem Tod ihres Mannes Walther 1990 bezog sie sogar eigene Räumlichkeiten auf Schloss Drottningholm, wo sie die meiste Zeit bis zu ihrem Tod 1997 lebte und zum Schluss, schwer herz- und demenzkrank, fürsorglich gepflegt wurde, Königin Silvia so oft wie möglich an ihrer Seite.

Solange sie noch bei besserer Gesundheit war, widmete sie sich viel ihrer Lieblingsenkelin Victoria, übte mit ihr Deutsch und unternahm viele Reisen durch Deutschland mit ihr, auf denen das Band zwischen ihnen noch fester geknüpft wurde. Bei Alice de Toledo Sommerlaths Tod im Frühjahr 1997 waren Silvia und Victoria außer sich vor Trauer.

Nachdem Victoria nach ihrer Volljährigkeit vermehrt offizielle Aufgaben wahrnahm und enger mit ihrem Vater zusammenarbeitete, wurde Elisabeth Tarras-Wahlberg, Hofmarschall, Pressesprecherin des Hofes und spätere Mentorin von Victoria, zu einer ebenso wichtigen Ansprechpartnerin, wie Tarras-Wahlberg es für das Königspaar war.

Elisabeth Tarras-Wahlberg wurde 1950 unter ihrem Mädchennamen von Engelhardt in Kristiansand geboren. Nach verschiedenen beruflichen Stationen als Pressesekretärin und Redakteurin bekam sie 1976 am Hof eine Stelle als Presseassistentin in der Kanzlei des Königs, stieg zur Pressesekretärin im Hofmarschallbüro auf, wurde schließlich Pressechefin für die königlichen Hofstaaten und ab 1995 (bis 2004) offizielle Pressesprecherin und Hofmarschall, der höchste Verwaltungsrang am Königlichen Hof. Elisabeth Tarras-Wahlberg war für den Hofstab des Königspaares verantwortlich (später auch für den Hofstab der Kronprinzessin) und in dieser Eigenschaft engste Mitarbeiterin von Carl Gustaf und Silvia. Als Pressesprecherin war sie die erste Anlaufstelle für Journalisten und andere Anfragen. Bei vielen Reportern war sie wegen ihrer direkten Art gefürchtet, doch die meisten waren dankbar für das professionelle Verhältnis. Die Pressechefin wusste, dass Journalisten auch nur ihrer Arbeit nachgingen, und war dankbar, wenn diese den Anstand hatten, ihre Informationen vor Druck mit dem Hof abzuklären. Auch wenn sie meistens nur ein trockenes »Kein Kommentar« an die Presse weitergeben konnte, war sie eine absolut verlässliche Kontaktstelle, die immer Rede und Antwort stand und sogar mitunter zwanzig Mal an einem Abend daheim angerufen wurde, um ein Gerücht zu bestätigen oder nicht weiter zu kommentieren. Sie war praktisch rund um die Uhr im Einsatz, damit der Hof und seine Angelegenheiten möglichst wahrheitsgetreu in den Medien dargestellt wurden. Dieses enorme Pflichtgefühl verband sie mit dem Königspaar und Prinzessin Victoria und war sicher auch ein Grund für das enge Verhältnis zwischen ihr und ihrem Arbeitgeber.

Als Hofmarschall organisierte sie die königlichen Büros, schrieb erste Entwürfe von Carl Gustafs und Silvias Reden, organisierte Staatsbesuche und begleitete das Königspaar auf vielen seiner Reisen.

Diese Arbeit setzte sie als Victorias Mentorin, die sie

ab dem Jahr 2000 wurde, fort und war ihr vor allem auf langen Auslandsreisen eine große Hilfe. Elisabeth Tarras-Wahlberg erzählt von sich, dass sie aufgrund eines leichten Lispelns einen schweren Stand in der Schule hatte und seit damals mit einem schlechten Selbstwertgefühl zu kämpfen hat, selbst als erwachsene Frau, die perfekt in ihrem Job ist und der man nicht umsonst Spitznamen wie »die lebende Dementimaschine« oder »die eigentliche Regentin« verpasst hatte. Doch ihre Arbeit war so unvorhersehbar und umfangreich, dass ständig ein enormer Druck auf ihr lastete, alles zur allgemeinen Zufriedenheit abzuwickeln. In diesen Punkten war sie Victoria sehr ähnlich, und dies hatte ihr sicher auch ermöglicht, eine so gute Wegbegleiterin und Mentorin zu sein, und bis zu einem gewissen Grad sogar eine zweite Mutter.

Doch auch wenn Victoria sich gern mit älteren Menschen umgibt (Daniels guter Freund Alessandro Catenacci sowie dessen Freunde Björn Ulvaeus und Thomas Johansson erweitern zum Beispiel seit einigen Jahren ihren Freundeskreis), pflegt sie natürlich enge Freundschaften zu Frauen und Männern ihres Alters. Viele davon kennt sie seit ihrer Kindheit und Schulzeit, und seit sie in der Zeit ihrer Magersucht ihren Freundeskreis sehr genau unter die Lupe genommen hat, sind wirklich nur noch die engsten und vertrauenswürdigsten Freunde übrig geblieben. Die wichtigsten sind unter anderem:

Caroline Dinkelspiel (geborene Svedin): Seit der gemeinsamen Zeit auf dem Enskilda Gymnasium eine von Victorias besten Freundinnen, die ihr nach ihrer Auszeit von Schweden und ihrem Freundeskreis am schnellsten wieder nähergekommen ist.

Caroline war Victoria eine unerhört wichtige Stütze während ihrer Magersucht und reiste mit ihr für ein Semester in die USA, wo die beiden unzertrennlich wurden. Caroline Svedin ist seit Juni 2003 mit Peder Dinkelspiel verheiratet und hat mittlerweile die Söhne Willem und Sebastian mit ihm. Bei ihrer Hochzeit in der Oskarskirche in Stockholm war Victoria selbstverständlich Brautjungfer. Peder Dinkelspiel ist eng mit Daniel befreundet, mit dem er unter anderem die Leidenschaft für Golf teilt.

Caroline Nilsson (geborene Kreuger): Caroline ist drei Tage älter als Victoria und die Tochter des besten Freundes von König Carl Gustaf – da ist die Freundschaft zwischen den beiden Mädchen fast schon vorprogrammiert. Und richtig, bis heute ist Caroline eine der besten Freundinnen von Victoria. Selbstverständlich war Victoria auch bei ihrer Hochzeit 2007 im schweizerischen Verbier mit Jesper Nilsson Brautjungfer. Das Paar wohnt in London und hat mittlerweile eine Tochter namens Chloé.

Anna Jussil-Broms: Anna und Victoria waren Klassenkameraden auf dem Enskilda Gymnasium und sind bis heute eng befreundet; auch Daniel ist ihr zu einem guten Freund geworden. Anna ist Juristin und seit August 2007 mit Michael Broms verheiratet. Bevor sie mit ihrem späteren Ehemann zusammenkam, gab es Gerüchte um eine

Romanze zwischen ihr und Kronprinz Felipe von Spanien, mit dem auch Victoria früher einmal verkuppelt werden sollte.

Das Paar hat den gemeinsamen Sohn Love.

Martina Bonde (geborene Gahn): Die Millionärstochter stammt aus einer schottischen Adelsfamilie und ist ebenfalls eine Klassenkameradin von Victoria aus Gymnasiumszeiten. Von ihrem Mann Johan ließ sie sich nicht lange nach der Geburt der gemeinsamen Tochter Antonia scheiden.

Leonie Persson (geborene Gillberg): Auch Leonie ging mit Victoria und vielen anderen ihrer Freundinnen in dieselbe Klasse des Enskilda Gymnasiums. Seit 2002 ist sie mit dem H&M-Erben und aktuellem Geschäftsführer des Unternehmens Karl-Johan Persson verheiratet; das Paar hat die Kinder Ian und Philippa und lebt seit vielen Jahren in London, wo Victoria (und mit ihr natürlich Daniel) sie nur zu gern besucht.

Josephine Génetay: Die in Schweden als Tochter kolumbianischer Eltern geborene Josephine ist Königin Silvias Patenkind und seit dem frühen Tod ihrer Mutter von ihrer Patentante quasi als viertes Kind angenommen worden. Sie und Victoria sind seit dem Sandkasten (Josephine wuchs nur wenige Meter von Drottningholm entfernt auf) eng befreundet und waren auch Klassenkameraden auf dem Enskilda Gymnasium. Vor einigen Jahren hat Josephine ihr High-Society-Leben über den Haufen geworfen und ist nach Kolumbien gegangen, um dort mit Straßenkindern zu arbeiten. Dabei hat sie ihre große Liebe, den Kampfsportlehrer Anderson Zapata Diaz, kennengelernt, der mit diversen Sportprojekten und Capoeira-Unterricht Slumkindern eine Alternative zu Drogen und Gewalt ermöglicht hat. Das Ehepaar betreibt in London die Wohltätigkeitsorganisation Youth for Youth.

Andrea Engsäll (geborene Brodin): Andreas Eltern sind enge Freunde des Königspaares, und zwischen den beiden Mädchen hat sich schon früh eine enge Freundschaft entwickelt. Außerdem haben auch sie gemeinsam das Gymnasium besucht. Andrea Engsäll ist mit Niclas Engsäll verheiratet und arbeitet als Fernsehmoderatorin. Die beiden haben zwei Kinder, Ivar und Diana, deren Patentante Victoria ist.

Außerdem ist Victoria immer noch eng mit ihrem ersten Freund Daniel Collert befreundet, der als Filmproduzent in Schweden Karriere gemacht hat. Er ist Teilhaber mehrerer Filmgesellschaften, mit denen er die Filme *Exit*, *Gangster* (mit dem bekannten schwedischen Schauspieler Mikael Persbrandt in der Hauptrolle) und *Rånarna* (der Film über eine Kommissarin, die in Stockholm einen Millionenraub aufklären soll, erschien unter dem Titel »Klaras Fall« sogar in Deutschland auf DVD) produziert hat. Seine Freundin ist die Krankenschwester Josefine Davidsson, die aus Victorias erweitertem Freundeskreis stammt, so dass sich die beiden Daniels öfter über den Weg laufen und sich augenscheinlich auch gut zu verstehen scheinen.

Und sogar unter den europäischen Royals hat Victoria einige enge Freunde, allen voran Prinzessin Letizia von Spanien und Prinzessin Märtha Louise von Norwegen, auf deren Hochzeiten im Jahr 2004 beziehungsweise 2002 Victoria selbstverständlich anwesend war.

Auch Kronprinz Haakon von Norwegen und Kronprinz Frederik von Dänemark fühlt sie sich sehr verbunden (und nicht nur, weil sie über diverse Ecken miteinander verwandt sind); sie telefoniert oft mit ihren »Kollegen«, mit denen sie seit einigen Jahren auch regelmäßig Forschungs- und Studienreisen in die Arktisgebiete ihrer Heimatländer unternimmt.

Victorias Patenkinder

Im europäischen Hochadel ist es Tradition, dass Kronprinzen und Kronprinzessinnen die Patenschaft für neugeborene Thronfolger übernehmen, um diese auf ihrem Lebensweg zu begleiten und zu beraten. Außerdem stärkt dies die Beziehungen zwischen den Königshäusern. Victoria ist eine sehr beliebte Patin, sie nimmt ihre Aufgabe sehr ernst und bemüht sich, zu allen ihren Patenkindern einen so engen Kontakt wie möglich zu halten und natürlich Geschenke und Glückwunschkarten zu Weihnachten und zum Geburtstag zu schicken. Es sei eine große Ehre für sie, Patin zu werden, und jedes Mal sei sie aufs Neue etwas nervös wegen der großen Verantwortung.

Mittlerweile ist Victoria Patin von vierzehn Kindern aus dem europäischen Hochadel, ihrer Familie und aus ihrem engsten Freundeskreis, und sie sagt selber, dass es sicher nicht viel mehr werden, da sie sich sonst nicht mehr um alle in dem Maße kümmern könne, wie sie das möchte. Außerdem kommen ja vielleicht bald schon eigene Kinder zu der Schar hinzu, wer weiß ...

Zu ihren Patenkindern zählen unter anderem:

1. Prinz Konstantinos-Alexios von Griechenland, Sohn von Marie-Chantal Miller und Kronprinz Pavlos von Griechenland
2. Prinzessin Catharina-Amalia der Niederlande, Tochter von Kronprinzessin Máxima und Kronprinz Willem-Alexander
3. Prinzessin Ingrid Alexandra von Norwegen, Tochter von Kronprinzessin Mette-Marit und Kronprinz Haakon
4. Prinz Christian von Dänemark, Sohn von Kronprinzessin Mary und Kronprinz Frederik
5. Prinzessin Eléonore von Belgien, Tochter von Kronprinzessin Mathilde und Kronprinz Philippe
6. Ian Persson, Sohn ihrer guten Freundin Leonie Persson und des H&M-Erben Karl-Johan Persson
7. Diana Engsäll, Tochter ihrer Freundin Andrea Engsäll und Ehemann Niclas

8. Ian de Geer, Sohn ihrer Cousine Tina de Geer und Ehemann Hans
9. Vivian Sommerlath, Tochter ihres verstorbenen Onkels Jörg Sommerlath und dessen Frau Simone
10. Isabella Chloé Nilsson, Tochter ihrer Freundin Caroline Kreuger Nilsson und Ehemann Jesper

Die Prinzessin und ihre Kleider

Victoria macht sich – entgegen den Träumen der meisten Mädchen von einem Prinzessinnenleben – herzlich wenig aus Mode, prächtigen Kleidern und Schminke. Privat bevorzugt sie lässige Kleidung, Jeans, Kapuzenjacke – alles, was zu ihrem sportlichen Wesen passt. Ihre Haare trägt sie am liebsten in einem schlichten Pferdeschwanz, auch bei offiziellen Anlässen. Fallen sie doch einmal in weichen Wellen offen über ihre Schultern, kann man sicher sein, an ihrem Handgelenk ein Haargummi zu entdecken, um die Haare jederzeit bändigen zu können.

Eine große Hilfe in Sachen Mode und Stilberatung ist ihr ihre Schwester Madeleine, die mit Begeisterung in den teuren Boutiquen um den Stureplan in Stockholm herum einkauft und stets Überblick über die neueste Mode hat. Außerdem hat Victoria mittlerweile eine eigene Stylistin, die ihre bisherige Garderobe aus Hosenanzügen und Kostümen um einige angesagte Teile erweitert hat.

Heute bevorzugt sie Edelmarken wie Dolce&Gabbana, DKNY oder den italienischen Designer Alberto Biani und kauft auch bei Billiglabels wie H&M und Zara ein.

Damit bewegt sie sich in bester Gesellschaft – mit den modernen jungen Prinzessinnen aus Argentinien oder Australien hat auch ein frischerer Modestil in den europäischen Königshäusern Einzug gehalten. Bisher kleidete man sich zwar schick, doch immer etwas bieder. Seit dem Tod von Prinzessin Diana 1997 gab es unter den Royals keine moderne Stilikone mehr. Prinzessin Caroline von Monaco oder Königin Silvia, die zu den elegantesten Damen unserer Zeit zählen, bevorzugen den klassischen Chanel-Look à la Jackie Kennedy. Erst mit Prinzessin Mary von Dänemark kam wieder frischer Wind in die royalen Kleiderschränke. Sie bewies, dass High Heels von Gucci oder Louboutin und Designerkleider von Prada oder Boss nicht nur an Hollywood-Stars bezaubernd aussehen und von Kronprinzessinnen mit Würde getragen werden können. Prinzessin Máxima der Niederlande bereicherte die adelige Modewelt mit schrillen Farben.

Ein besonderes Faible hat Victoria für Handtaschen. Mal hat sie ein ausgefallenes, mit Straußenfedern verziertes Modell dabei, mal einen Klassiker von Louis Vuitton oder Hermès, der bis zu 10 000 Euro kosten kann.

Als Repräsentantin ihres Landes muss sie zu bestimmten Anlässen schwedische Designer tragen. So ist es undenkbar, dass sie zur Nobelpreisverleihung in Stockholm in einer Couture-Robe eines ausländischen Modeschöpfers erscheint.

Dann lässt Victoria bei Lars Wallin, der Kleider für die »Miss World Wahl« fertigt, oder bei Pär Engsheden, bei dem auch Prinzessin Madeleine Kundin ist, Maß nehmen. Ihre Hüte kauft sie in Stockholm in der Boutique »Kittys Hattar«, die Brita von Koenigsegg gehört. Ihr verlieh der Palast den Ehrentitel »Hoflieferant des Königshauses«.

Da Europas Kronprinzessinnen sich ihre Kleidung nicht nur schneidern lassen, sondern auch Designer-Sachen von der Stange wählen, besteht bei einem Aufeinandertreffen zweier Royals die Gefahr, im gleichen Outfit zu erscheinen. Besonders bei den Kronprinzessinnen aus Schweden und Dänemark, die einen ähnlichen Modegeschmack entwickelt haben, ist das gar nicht so unwahrscheinlich. Wenige Monate, nachdem sich Mary in einem kunstvoll bestickten Spitzenkleid aus der Heartmade-Kollektion der dänischen Julie Fagerholt auf einer Hochzeit gezeigt hatte, erschien Victoria in einem verblüffend ähnlichen Modell bei einem Staatsbankett. Nicht auszudenken, wenn dies bei einem Event passiert, zu dem beide geladen sind. Um solch einen Fauxpas zu verhindern, tauschen die Beraterinnen der Kronprinzessinnen vor jedem offiziellen Zusammentreffen Fotos der geplanten Garderobe aus.

Und auch für Anlässe, bei denen Victoria allein auftritt, wird von ihrem Hofstaat genau Buch über ihre Kleidung geführt, damit sie nicht bei einem erneuten Besuch am selben Ort oder zum selben Anlass dasselbe trägt. Denn so umfangreich, wie man meinen möge, sei ihre Garderobe gar nicht.

Und was passiert mit Victorias Kleidern, die sie nicht mehr anzieht? Einige werden konserviert und wandern in das königliche Archiv, um für eine spätere Ausstellung aufbewahrt zu werden. So wurden 2008 auf dem Barockschloss Strömsholm, achtzig Kilometer westlich von Stockholm, Ballroben der Kronprinzessin gezeigt. Unter anderem war das mit Gold bestickte königsblaue Seidenkleid zu sehen, das Victoria 1995 an ihrem 18. Geburtstag trug. Gut, dass es im Museum auf einer Kleiderpuppe hängt und nicht mehr die Kronprinzessin schmückt – heute würde es sich eher für einen historischen Kostümball eignen.

Neben all den schönen Kleidern, die eine Prinzessin bei offiziellen Anlässen tragen darf, ist natürlich auch der Schmuck von großer Bedeutung. Schwedens Kronjuwelen gehören neben denen des britischen Königshauses zu den wertvollsten und prächtigsten der Welt, und die Damen der Bernadottes lieben es, zu so feierlichen Anlässen wie dem Nobel-Dinner ausgesuchte Schmuckstücke zu tragen, auch wenn diese manchmal eine gewisse Herausforderung darstellen. So wiegen die prächtigen Diademe zum Teil mehrere Pfund, so dass jede Kopfbewegung zu einer Anstrengung wird. Ins Rutschen geraten darf der edle Schmuck natürlich auch nicht, so dass es einiger Übung bedarf, ein Diadem anmutig zu tragen. Auch die langen edelsteinbesetzten Ohrgehänge sind so schwer, dass sie zusätzlich zu dem normalen Steckverschluss noch mit einem Bügel über der Ohrmuschel befestigt werden, um das Gewicht besser zu verteilen.

Victoria hat drei Lieblingsdiademe, die sie abwechselnd trägt.

Das Sechs-Knopf-Diadem

Es besteht aus sechs mit Brillanten besetzten Rosetten und stammt aus dem 18. Jahrhundert. Die Diamanten waren Teil der Krone, mit der Jean Baptiste Bernadotte als Karl XIV. Johan 1818 zum schwedischen König gekrönt wurde. 1970 wurden die Steine zu einem Diadem zusammengesetzt.

Das Napoleonische Stahl-Diadem

Das Schmuckstück wurde in der Zeit von Napoleon Bonaparte gefertigt und ist mit Eichenlaub, Eicheln, Blumen und Federn aus Stahl und Gold verziert. Vermutlich wurde es von Joséphine de Beauharnais (1807–1876), sie war die Tochter eines Stiefsohns des französischen Kaisers, nach Schweden gebracht. Joséphine heiratete den späteren König Oskar I. von Schweden (1799–1859).

Das Baden-Fringe-Diadem

Prinzessin Viktoria von Baden bekam das Diadem 1881 von ihren Eltern zu ihrer Hochzeit mit Gustav V. (1858–1950) geschenkt. Es besteht aus zahlreichen mit Diamanten besetzten Spitzen.

Bei festlichen Anlässen legt Victoria ihren Seraphinenorden an. Er wurde zum 73. Geburtstag des schwedischen Königs Friedrich I. (1676–1751) am 23. April 1748 gestiftet. Alle Träger des Ordens sind »Ritter und Komtur der Orden Seiner Königlichen Majestät«. Er wird nur an Mitglieder des Königshauses und an Persönlichkeiten aus dem Ausland verliehen.

Pflichten einer Kronprinzessin

Bis Mitte der Siebzigerjahre waren die schwedischen Monarchen mit zahlreichen politischen Befugnissen ausgestattet. Der König gab den Auftrag zur Regierungsbildung, ernannte den Premierminister, führte den Vorsitz bei Kabinettssitzungen und hatte den Oberbefehl über die Streitkräfte. Dies änderte sich 1975, nachdem eine neue Verfassung beschlossen worden war. Seitdem sind die royalen Pflichten auf repräsentative und zeremonielle Aufgaben beschränkt; des Weiteren muss der König sehr darauf bedacht sein, sich möglichst neutral und zurückhaltend zu äußern und seine eigenen Ansichten zu bestimmten Themen und Ereignissen nicht durchklingen zu lassen.

Seit ihrem 18. Geburtstag ist die Kronprinzessin die offizielle Vertreterin ihres Vaters. In dieser Rolle vertritt sie Schweden und seine Krone im eigenen Land und auf der ganzen Welt. Sie weiht Krankenhäuser oder Schulen ein, hält Vorträge bei Tagungen von Wohltätigkeitsorganisationen, unternimmt ausgedehnte Studienreisen, um sich für Umweltschutz oder bessere Bildungsbedingungen einzusetzen, repräsentiert ihr Land bei Olympischen Spielen oder empfängt Kronprinzen und Kronprinzessinnen, um sich mit ihnen über Probleme auszutauschen. Der Terminkalender der fleißigen Victoria gleicht dem einer Topmanagerin. Wie jede Führungskraft hat auch sie einen Stab. Ihre Mentorin beziehungsweise Hofmarschallin organisiert das Berufs- und Privatleben, ihre Sekretärin erledigt die Schreibtischarbeit, ihre Kammerzofe kümmert sich um den Haushalt. Wie der König und die Königin hat Victoria ihr Büro im Königlichen Schloss in der Altstadt von Stockholm.

Hier ein kleiner Auszug aus Victorias Terminkalender für das Jahr 2010, der bei weitem nicht vollständig ist, doch einen guten Überblick über die Vielfältigkeit ihrer Aufgaben bietet:

23. Januar 10: Einweihung der Norrbro
25. Januar 10: Hagasymposium
2. Februar 10: Einweihung von Norra Djurgårdsstadens Innovation, Norra Djurgårdsstaden, Stockholm (Stadtentwicklungsprojekt)
10. Februar 10: Arktis-Seminar, Grenna Museum, Gränna
15. Februar 10: Treffen der Paralympics-Teilnehmer
17. Februar 10: Besuch Posten Frimärken, Kista

(Briefmarkenlieferant für die schwedische Post)
26. Februar 10: Jahrestreffen der Königlichen Akademie der freien Künste
12. März 10: Namenstag der Kronprinzessin
16. März 10: Kabinettssitzung im Königlichen Schloss
18. März 10: Einweihung »Tag des Gehirns«, Oskarsteater
25. März 10: Treffen mit Wirtschaftsprofessor Neil Malhotra und Studenten der Stanford Graduate School of Business, Königliches Schloss
15. April 10: Feierlichkeiten zu Königin Margrethes 70. Geburtstag, Amalienborg, Dänemark
16. April 10: dito
17. April 10: dito
27. April 10: Seminar und Stipendienverteilung, Amerikastiftung Schweden, Außenpolitisches Institut
30. April 10: Geburtstag König Carl XVI. Gustafs, Königliches Schloss

Jeden Dienstag trifft sich die Kronprinzessin mit ihren Eltern und dem Hofstab zu einer Planungssitzung im Schloss, um die Auftritte der königlichen Familie zu koordinieren. Die schwedischen Royals erhalten pro Jahr mehrere Tausend Einladungen, die nach Wichtigkeit sortiert werden.

Dann entscheiden Carl Gustaf, Silvia und Victoria, welche Termine sie wahrnehmen werden. Einiges wird auch von Carl Philip und Madeleine übernommen. Auch

Staatsbesuche und andere Auslandsreisen werden auf den Treffen besprochen.

Offiziell hat der Hof Victorias Aufgaben so definiert:

»*Die Thronfolgerin soll Schweden in Einklang mit dem Grundgesetz und in einer vom Volk getragenen Art und Weise vertreten können. Ein wichtiger Aspekt, denn für den Einsatz als Thronfolgerin wird die Unterstützung des schwedischen Volkes vorausgesetzt. Hier hat die Kronprinzessin ihren Vater Carl Gustaf als Vorbild, der die schwedische Monarchie modernisiert und zeitgemäß gestaltet hat, mit einem Protokoll, das zur Entlastung aller Beteiligten beiträgt.*«

Wenn ihr Vater abdanken oder sterben sollte, wird die Kronprinzessin Königin. Sie ist dann das 70. Mitglied der königlichen Familie, das den Thron besteigt und die dritte Regentin in der Geschichte der schwedischen Monarchie. Ihre offiziellen Termine kann sie als Königin, wie jetzt auch, weitgehend selbst bestimmen.

Nur von den folgenden Pflichten kann sie nicht entbunden werden:
- jährliche Eröffnung des Reichstags
- Teilnahme an den Feierlichkeiten zum Nationalfeiertag am 6. Juni (darunter auch seit einigen Jahren die feierliche Öffnung des Königlichen Schlosses an diesem Tag für die Allgemeinheit)
- Vorsitz des Beirats für Auswärtige Angelegenheiten

- Teilnahme an Staatsratssitzungen, die zwei bis drei Mal im Jahr stattfinden.
- Empfang der ausländischen Botschafter
- Unterzeichnung der Akkreditierungsschreiben der schwedischen Botschafter
- Empfang ausländischer Staatsoberhäupter
- Überreichung der Nobelpreise, Teilnahme am Nobeldinner

Über die als Termine und Vorgaben greifbaren Pflichten hinaus, muss die Kronprinzessin aber auch noch ganz andere Dinge leisten, auf die sie von klein auf vorbereitet wurde. Von ungeheurer Wichtigkeit ist ihre soziale Kompetenz, in der sie seit dem Schulalter und ihren ersten Repräsentationsterminen geschult wurde. Victoria muss sich mit jedem unterhalten und sich in jedem gesellschaftlichen Zusammenhang tadellos und angemessen verhalten können. Egal, ob sie einen Kindergarten einweiht und nervösen Erzieherinnen und aufgeregten Kindern begegnet, mit einer Supermarktkassiererin über ihre Arbeit und ihre Probleme spricht oder ob sie einen Staatsempfang besucht – Victoria muss immer die richtigen Worte finden, muss immer ein glaubwürdiges Interesse ausstrahlen, nein, sie muss wirklich daran interessiert sein, was die Menschen ihr erzählen. Sie muss jedem ihrer Gesprächspartner das Gefühl geben, dass sie sich in diesem Moment genau mit ihm unterhalten möchte und mit niemandem sonst. Sie muss über ein großes Einfühlungsvermögen und ein genuin großes Herz verfügen. Beides hat sie von ihrer Mutter Silvia geerbt, von ihrer brasilianischen Seite. Immense Herzenswärme, Interesse an anderen Menschen und ihrem Leben, anderen Ländern und einfach riesige Neugier auf die Welt um einen herum. Ihre Mutter hat einmal zu ihr gesagt, dass das Repräsentieren Spaß machen kann, wenn man wirklich fühlt, was man da tut, wenn man sich bewusst ist, dass einem die Menschen durch ihr Kommen eine Ehre erweisen und man ihnen diese Wertschätzung durch Freundlichkeit und Respekt zurückgeben kann. Seither ist Victoria scheinbar mühelos in diese Rolle hineingewachsen und bezaubert durch ihre Natürlichkeit und Warmherzigkeit die Menschen in Schweden und auf der ganzen Welt.

Leicht ist dies sicher nicht immer für sie, denn sie muss sich in jeder Sekunde, die sie nicht in einem absolut privaten Umfeld verbringt, bewusst sein, dass jede ihrer Regungen, ihr Verhalten pausenlos beobachtet wird. Auf offiziellen Anlässen darf sie nicht einfach mal ein müdes Gesicht machen, auch wenn sie im Stehen einschlafen könnte, ein Fotograf wird diesen Moment garantiert abpassen und eine entsprechende Lügengeschichte dazu fabulieren. Sie muss alle eventuellen Beschwerden und Probleme weglächeln und darf sich nichts anmerken lassen, darf nie ungehalten werden, darf unter keinen Umständen einen anderen Eindruck vermitteln als den der souveränen und gelassenen Thronfolgerin, da dies sonst auf das gesamte Königshaus und sogar Schweden zurückfiele.

Besonders erschwert werden Victoria ihre öffentlichen Pflichten durch ihre Dyslexie und auch die angeborene

Prosopagnosie (Gesichtsblindheit). Die meisten Namen und Gesichter vergisst sie sofort wieder und ist bei Empfängen und anderen Anlässen auf ihre Mitarbeiter angewiesen, die ihr diskrete Hinweise geben. Die Vorbereitungen für Termine, bei denen sie Ansprachen halten soll, nehmen sehr viel Zeit in Anspruch, da sie wegen ihrer Leseschwäche alles auswendig lernen muss. Auch wenn sie seit ihrer Schulzeit gewohnt ist, sich Texte und Inhalte unter äußerster Kraftanstrengung zu erarbeiten, ist es immer noch hart für sie, sich so stark zu konzentrieren. Doch sie geht sehr offen mit ihrer Behinderung um und kann mit ihrer charmanten Art eventuelle Pannen immer geschickt überspielen.

Dass man als Person des öffentlichen Interesses trotz strengster Erziehung nicht vor der Skrupellosigkeit der Presse gefeit ist, die um ihrer Auflage willen die absurdesten und verletzendsten Nachrichten in die Welt setzen, hat das schwedische Königshaus immer wieder schmerzhaft zu spüren bekommen.

Die Presse ist der ständige Begleiter einer Kronprinzessin. Victoria hat sich inzwischen an das große Medieninteresse, das an ihrer Person besteht, gewöhnt.

Bei offiziellen Anlässen nimmt sie sich viel Zeit und lächelt geduldig, damit die Fotografen Bilder von ihr machen können. Das gehört zu ihrem Job. Genauso wie Interviews zu geben, Reden zu halten oder ihre Geburtstage öffentlich zu feiern. Sie ist Repräsentantin ihres Landes und wird vom Staat dafür bezahlt, dass sie für Schweden Werbung macht.

Die schwedische Presse verhält sich weitgehend loyal und pflegt einen engen und professionellen Kontakt zum Hof, respektiert, wenn sie sich auf königliche Aufforderung hin zurückhalten soll (zum Beispiel während der Schulzeit von Victoria, Carl Philip und Madeleine oder in der Zeit von Victorias Magersucht).

Einen Zwischenfall gab es allerdings, der besonders schwer wog: Schon seit langem war die schwedische Wochenzeitschrift *Se & Hör* darauf aus, Bilder von Victoria im Badeanzug abzudrucken; man hatte dem Hof im Frühjahr 1997 sogar eine Million Kronen für eine Fotostrecke geboten, die natürlich dankend abgelehnt wurden. *Se & Hör* hat daraufhin trotzdem eine Bademodenreportage veröffentlicht und Victorias Kopf auf den Körper von Victoria Silvstedt – eine schwedische Sängerin, Schauspielerin und Model, das sich auch schon im *Playboy* hatte ablichten lassen – montiert. Die dazugehörige Überschrift lautete: »Victoria, so wollen wir dich im Sommer sehen!« Besonders geschmacklos ist, dass dieser Artikel genau in die Zeit fiel, in der Victoria immer tiefer im Strudel der Magersucht versank und extrem körperfixiert war. Dem Hof gelang es, die Fotostrecke vor Victoria einige Tage geheim zu halten, und das Königspaar reichte sogar Anzeige gegen die Zeitschrift ein, die später auch zu einer Entschädigungszahlung verurteilt wurde. Das Geld spendete der Hof einer Wohltätigkeitsorganisation.

Viel schlimmer ist dagegen die deutsche Regenbogenpresse, die jede Woche mit offensichtlichen Lügengeschichten über das schwedische Königshaus aufwartet, um ihre Auflagen zu steigern. Vor allem im Jahr 2003 erregte eine Titelstory eines deutschen Regenbogenblattes große Aufmerksamkeit in Schweden: Der König habe Silvia im Sommerurlaub auf seiner Motorjacht an der Côte d'Azur mit einer Blondine betrogen. Die Königin weine und habe alle Hoffnung verloren, dass ihre Ehe noch zu kitten sei. Die Story wurde mit einem Foto bebildert, das den König mit einer blonden Frau auf dem Boot zeigte. Daneben war ein Bild von Silvia mit Tränen in den Augen.

Schwedische Medien griffen den angeblichen Liebesbetrug auf und stellten fest, dass auf dem Blondinen-Foto Kronprinzessin Victoria abgeschnitten und die »Geliebte« eine Freundin von Victoria war. Silvias Tränen habe man, so erzählte es die Königin später, in das Bild hineinretouchiert. Silvia las diesen Bericht über die angeblich manipulierten Fotos und ließ weitere Nachforschungen anstellen. Dabei fand sie heraus, dass in der deutschen Presse fast jede Woche über Silvias Ehehölle und über angebliche Schwangerschaften, Fehlgeburten, unheilbare Krankheiten oder Hochzeitspläne ihrer Töchter Victoria und Madeleine geschrieben wurde.

Einige Schlagzeilen waren zum Beispiel:

»Frederik und Madeleine,
werdet glücklich miteinander«
»Victoria – Ein Baby soll sie von ihrer
Krankheit heilen«
»Prinzessin Victoria – Endlich ein Baby«

*»Königin Silvia – so versöhnt sie sich
mit ihrem Mann«*
*»Kronprinz Felipes neue Liebe –
es ist Prinzessin Madeleine«*

Silvia beschloss zu handeln und schaltete den renommierten deutschen Medienanwalt Matthias Prinz ein, der gegen die Lügengeschichten vorgehen sollte.

Die Königin begründete ihre Entscheidung in einem Interview mit der *Welt am Sonntag* so: »Uns ist dieser Schritt nicht leicht gefallen. Die deutsche Presse ist uns eigentlich immer recht wohlgesinnt gewesen, aber jetzt sind einige Blätter übers Ziel hinausgeschossen. Wir dachten vor allem an unsere Kinder. Es gibt nichts Schlimmeres, als sich von den eigenen Kindern eines Tages sagen lassen zu müssen: Ihr habt nichts für uns getan, ihr habt uns nicht beschützt. Da sitzen die Journalisten an ihrem Schreibtisch und lassen ihrer Phantasie freien Lauf, ohne daran zu denken, dass man damit einem Menschen auch sehr weh tun kann. Was wir uns wünschen, ist, dass unsere Kinder und wir respektiert werden.«

Der königliche Anwalt stieß auf mehrere Tausend erfundene Geschichten und verlangte von den betroffenen Verlagen, sich öffentlich zu entschuldigen. Viele Blätter erschienen in den folgenden Monaten mit Widerrufen auf den Titelseiten, man sei einer Fehlinformation aufgesessen. Mit der Zeitschrift, die das Ganze ins Rollen gebracht hatte, erwirkte Königin Silvia 2003 einen Vergleich. Zwei Jahre später ging das Königspaar sogar noch einen Schritt weiter und reichte im Namen ihrer Tochter

Madeleine Klage gegen diverse deutsche Klatschblätter wegen frei erfundener und die Persönlichkeitsrechte verletzender Geschichten ein. Das Gerichtsverfahren zog sich bis in den Sommer 2009 hin, wo Prinzessin Madeleine in zweiter Instanz 400 000 Euro an Schadenersatz zugesprochen wurden, die an wohltätige Organisationen gehen sollten.

Victorias besonderes Engagement

Victoria interessiert sich besonders für Umwelt- und Gesundheitsfragen und zeigt großes Engagement für die Entwicklungshilfeprojekte von SIDA, die sie auf vielen ihrer Reisen in arme Länder vor Ort kennenlernen durfte.

Außerdem ist sie Schirmherrin einer Reihe wohltätiger Organisationen und anderer Vereinigungen, darunter:

- Allmänna Sången (Skandinaviens ältester Studentenchor in Uppsala)
- Barndiabetesfonden (Fond für Kinder mit Diabetes)
- Carl Johans Förbundet (Gesellschaft zur Erinnerung an Karl XIV. Johan)
- Förbundet Ung Företagsamhet (Schüler starten eigene Unternehmen mit Unterstützung von Lehrern und Ratgebern aus der Wirtschaft)
- Hela världen, Svenska kyrkans internationella arbete

(Entwicklungshilfeorganisation der schwedischen Kirche)
- Hjärnfonden (Fond zur Unterstützung von Hirnforschung)
- Nordens Ark (Privatstiftung zur Rettung vom Aussterben bedrohter Tiere in Skandinavien)
- Riksförbundet för Rörelsehindrade Barn och Ungdomar (Organisation für körperbehinderte Kinder und Jugendliche)
- Riksförbundet Sveriges lottakårer (Lottabewegung; schwedische Frauenorganisation, die freiwillig militärische Aufgaben übernimmt)
- Riksförbundet Sällsynta diagnoser (Organisation für seltene Krankheiten)
- Stiftelsen för Astrid Lindgrens Barnsjukhus (Stiftung für das nach Astrid Lindgren benannte Kinderkrankenhaus in Solna, eröffnet 1998)
- Stockholm Junior Water Prize (internationaler Jugend-forscht-Wettbewerb in Umwelt- und Wasserfragen)
- Svenskt Utvecklingscentrum för Handikappidrott (Zentrum zur Förderung des Behindertensports)
- Tobias Stiftelsen (Stiftung zur Erforschung von Rückenmarkstransplantationen, Pflege eines Spenderverzeichnisses)

Besonders am Herzen liegt ihr der Kronprinzessin-Victoria-Fond. Mit den Spenden für diese Organisation werden chronisch kranke und auf verschiedene Weise behinderte Kinder unterstützt. Organisiert werden die

Spenden von der schwedischen Radiohilfe, dem größten Finanzierer für nationale und internationale Hilfeleistungen. Mit Hilfe des Victoria-Fonds können auch behinderte Kinder Sport treiben oder in den Urlaub fahren, da die Kosten für zusätzliches Betreuungspersonal durch den Fond gedeckt werden. Auch Forschungseinrichtungen können Gelder beantragen.

7

HOCHZEIT

»Ihr habt mir meinen Prinzen gegeben«

Schon mit Bekanntgabe der Verlobung im Februar 2009 begannen die Vorbereitungen für die größte Feier seit vierunddreißig Jahren, seit sich König Carl Gustaf mit seiner Silvia vermählte. Die Kronprinzessin und ihr Verlobter kümmerten sich selbst so viel wie möglich um die Vorbereitungen und hatten damit alle Hände voll zu tun. Alles sollte perfekt sein an dem Tag, auf den sie so lange hingearbeitet hatten.

Tatkräftig unterstützt wurden sie dabei von Silvia und Eva Westling: Die Königin ließ es sich nicht nehmen, ihrer Tochter bei der Vorbereitung der Feierlichkeiten zur Seite zu stehen, und hatte in Daniels Mutter eine tatkräftige Mitstreiterin. Nichts durfte dem Zufall überlassen sein, schließlich sollte der 19. Juni 2010 für Victoria und Daniel ein unvergesslicher Tag werden.

Der einzige Wermutstropfen in den Wochen vor der Hochzeit war die traurige Trennung Madeleines von ihrem langjährigen Lebensgefährten und Verlobten Jonas Bergström. Die Prinzessin litt sehr unter dem Ende ihrer Beziehung und flüchtete vor dem großen Medieninteresse in die USA. Doch auch dort konnte sie ihren Kummer nicht vergessen, und so stand Victoria, wieder einmal ganz die fürsorgliche große Schwester, Madeleine bei. Im Mai unterbrach sie ihre Hochzeitsvorbereitungen, die in den letzten Wochen vor dem großen Tag natürlich auf

Hochtouren liefen, und flog für einige Tage nach Seattle, um Madeleine dort bei der Eröffnung der Schweden-Woche zu vertreten, zu der unter anderem sechs Nobelpreisträger aus der Region gekommen waren. Madeleine sagte alle weiteren Termine ab, erst bei Victorias Hochzeit zeigte sie sich zum ersten Mal wieder in der Öffentlichkeit.

Gerade in den letzten Wochen vor dem großen Tag steigerte sich die öffentliche Aufregung ins Unermessliche, die großen Tageszeitungen überschlugen sich mit Sonderheften zur königlichen Hochzeit und den neuesten Nachrichten über das Paar. Das ganze Land machte sich bereit, seine Kronprinzessin zu feiern, zusammen mit einer Vielzahl von Touristen, die sich in der schwedischen Hauptstadt einfanden. Bei einer königlichen Hochzeit handelt es sich auch um ein großes Wirtschaftsunternehmen, so dass sich Fans des Kronprinzessinnenpaares mit allen Arten von anlässlich der Hochzeit angefertigten Erinnerungsstücken eindecken konnten. Der Erlös geht an eine wohltätige Stiftung, die extra zur Hochzeit des Kronprinzessinnenpaares gegründet worden war und die sich der Unterstützung von Kindern und Jugendlichen in Schweden widmen wird. Die schwedische Post präsentierte ein Set Sonderbriefmarken, die das Paar am Tag seiner Verlobung zeigen.

Die Hochzeitsfeierlichkeiten begannen bereits am 16. Juni mit diversen Empfängen und Galadiners, die das Königspaar und die Regierung zu Ehren des Brautpaares in den folgenden Tagen gab. Am Abend des 18. Juni feierte man im Stockholmer Konzerthaus ein rauschendes

Fest, bei dem unter anderem Roxette und andere berühmte schwedische Musiker auftraten. Vor allem der Auftritt von Roxette bedeutete dem Brautpaar unendlich viel, und der ganze Saal bejubelte Per Gessle und Marie Fredriksson, als die beiden ihren großen Hit »The Look« spielten.

Am Tag der Hochzeit wurde schnell klar: Es war ein Tag wie im Bilderbuch, ein schwedisches Sommermärchen würde heute Wirklichkeit. Das Wetter zeigte sich, passend zum Anlass, von seiner schönsten Seite. Bei angenehm milden Temperaturen überstrahlte die Sonne gelegentlich aufziehende Wolken Schwedens Hauptstadt, die vollkommen zu Recht auch das Venedig des Nordens genannt wird. Die Straßen waren festlich geschmückt, und entlang der Strecke, die das Brautpaar nach der Trauungszeremonie in seiner prächtig dekorierten offenen Kutsche fuhr, versammelten sich die begeisterten Menschen schon viele Stunden vor Beginn der Trauung am Straßenrand, um Victoria und Daniel bei ihrer Fahrt durch die Stadt zuzujubeln und diesen unvergesslichen Tag mit ihnen zu feiern.

Die Trauung fand in der Nikolaikirche oder Storkyrkan statt, in der sich schon Silvia und Carl Gustaf auf den Tag genau vor vierunddreißig Jahren das Jawort gegeben hatten. Die Kirche war drei Monate lang aufwendig restauriert und gereinigt worden, so gründlich wie schon seit vielen, vielen Jahren nicht mehr. Deckengemälde, Altäre, Kunstschätze – alles strahlte wieder wie neu zu Ehren des Hochzeitspaares. Die Pfeiler der Kirche waren mit hinreißenden Blumengirlanden geschmückt, deren Farben bereits im Januar neben den offiziellen Souvenirs der Hochzeit vorgestellt worden waren. Das Brautpaar und der Planungsstab des Königshofs hatten sich für Weiß, Beige, Gold, Gelb, Dunkelblau und Lindgrün entschieden – und entsprechend wurden nur diese Töne verwendet, vom Blumenschmuck bis hin zu den Einladungskarten.

Die Storkyrkan liegt zwischen dem Königlichen Schloss und dem Stortorget in Stockholms pittoresker Altstadt Gamla Stan. Eintausendzweihundert Menschen fasst das Gotteshaus, und an diesem Samstagnachmittag im Juni 2010 war es bis auf den letzten Platz gefüllt.

Auf dem Slottsbacken bei der Kirche warteten Tausende Schaulustige auf die Ankunft des Brautpaares und der illustren Gäste. Man hatte an zentralen Plätzen entlang der Strecke, die die Kutsche nach der Trauung fahren würde, diverse Großleinwände aufgestellt, auf denen die Menschen das Ereignis des Jahres verfolgen konnten, das vom schwedischen Fernsehen meisterhaft und mit einzigartigem Aufwand übertragen wurde.

Um Viertel nach drei, alle Hochzeitsgäste hatten bereits in der Storkyrkan Platz genommen, machte sich ein sichtlich nervöser Daniel Westling an der Seite seines zukünftigen Schwagers und Trauzeugen, Carl Philip, auf den Weg vom Stadtschloss zur nebenan gelegenen Kirche.

Zehn Minuten später, um kurz vor 15:30 Uhr hielt dann endlich der ehrwürdige Rolls Royce, aus dem Victoria und ihr Vater stiegen. Nun gab es kein Halten mehr für die Menschen auf den Straßen, man jubelte der Kronprinzessin frenetisch zu, und bereits jetzt schien es, als könnte die Freude nicht mehr größer werden.

Die Kronprinzessin war an diesem großen Tag, an dem ihr Liebestraum in Erfüllung gehen sollte, schöner als je zuvor. Das Brautkleid war vom schwedischen Designer Pär Engsheden entworfen, genau wie schon das blaue Kleid, das sie zur Bekanntgabe ihrer Verlobung getragen hatte. Victoria sah bezaubernd aus an diesem schönsten Tag in ihrem Leben. Das Kleid war schlicht, aus perlweißem, doppellagigem Seidenduchesse, mit einem umgeschlagenen Kragen und einer um die Taille geknüpften Schärpe, an der in ihrem Rücken die Schleppe aus demselben Stoff befestigt war. Das perfekte Kleid für die an diesen Tag überirdisch schön strahlende Braut. In der Hand hielt sie ihren Brautstrauß, bestehend aus herrlichen Sommerblumen, in Tropfenform gebunden. Auf dem Kopf trug sie, genau wie schon ihre Mutter Silvia, das neunhundert Gramm schwere Kameen-Diadem. Ihre Schleppe war mit fünf Metern sogar noch etwas länger als die, die ihre Mutter vor vierunddreißig Jahren getragen hatte.

Man konnte förmlich spüren, wie glücklich sie in diesem Moment war, es schien, als würde ihr Lächeln das an diesem Tag ohnehin strahlende Stockholm noch mehr erleuchten lassen.

Auch Daniel war sein Glück anzusehen, von seiner Krankheit merkte man an diesem Tag nichts. Er trug einen edlen schwarzen Frack mit doppelt geknöpfter Weste, perfekt zum traumhaften Brautkleid seiner Victoria. Pünktlich um halb vier begann die Trauung mit einem der emotionalsten Momente, als König Carl Gustaf seine älteste Tochter in die Kirche führte. In den Wochen davor hatte es in Schweden eine sehr emotional geführte Diskussion darüber gegeben, wer Victoria zum Altar führen würde. Zwei Wochen zuvor hatte der König verkündet, dass Daniel nach der Hochzeit offiziell den Titel »Königliche Hoheit« führen darf, ein Ritterschlag für den ehemaligen Fitnesstrainer aus Ockelbo. Spätestens damit war klar, dass alle Vorbehalte, die der König in Hinblick auf seinen zukünftigen Schwiegersohn gehabt hatte, endgültig der Vergangenheit angehörten. Nicht zuletzt deshalb hatte sich Victoria entschieden, sozusagen als letzte versöhnliche Geste, an der Seite ihres Vaters diese wichtigsten Schritte ihres Lebens zu gehen, ja, überhaupt die ganze Hochzeit an die ihrer Eltern anzulehnen und sich dadurch bei ihnen zu bedanken, dass sie mit dem Mann ihres Lebens nun auch als Ehepaar glücklich werden durfte.

Allerdings hatte man, typisch für Schweden, nach den vielen kritischen Äußerungen einen sehr versöhnlichen Kompromiss gefunden: Der König begleitete Victoria nur auf der Hälfte des Weges. In der Mitte der Kirche warteten Daniel und Carl Philip, und die letzten Meter bis zum Altar ging das Brautpaar gemeinsam.

Die Trauung wurde von Erzbischof Anders Wejryd durchgeführt, ihm assistierten Oberhofprediger Lars-Göran Lönnermark sowie Åke Bonnier, Superintendent der Domgemeinde Stockholm, und Antje Jackelén, Bischöfin in Lund.

Die Zeremonie war äußerst bewegend. In der Begrüßung gingen die vier Geistlichen auf die Bedeutung der Ehe und die Kraft der Liebe ein. Schon jetzt war deutlich zu spüren, dass der Bräutigam um Fassung rang, zu überwältigend schienen die Emotionen in diesem Moment für ihn zu sein. Wie viel Kraft muss es ihm gegeben haben, dass Victoria die ganze Zeit über seine Hand nicht losließ und sie immer wieder zärtlich streichelte.

Nach diesen bewegenden Worten gab sich das Brautpaar das Jawort, und Erzbischof Wejryd segnete die Ringe, über denen Victoria und Daniel einander das Eheversprechen gaben.

Victorias Worte waren: »Ich, Victoria Ingrid Alice Désirée, nehme dich, Olof Daniel Westling, zu meinem Ehemann, um mit dir Freud und Leid zu teilen und dir treu zu sein, bis dass der Tod uns scheidet.« Die beiden strahlten vor Glück und Ergriffenheit bei ihren Eheversprechen, und ihre Augen füllten sich mit Tränen. Zärtlich streichelte Victoria ihrem frisch angetrauten Ehemann über die Wange. Als die beiden mit zitternden Händen die Ringe wechselten, übermannten Daniel die Gefühle. Seine Tränen der Freude, die er sich mit einer diskreten Bewegung aus den Augen wischte, zeigten mehr als deutlich, was ihm dieser Augenblick bedeutete und wie vollkommen sein Glück in dieser Sekunde war. Ganz Stockholm, ganz Schweden, ja, ganz Europa freute sich in diesem Moment von ganzem Herzen mit dem jungen Brautpaar.

Und natürlich auch die zahlreichen Gäste, die zu Ehren des Kronprinzessinnenpaares gekommen waren. Der gesamte europäische Hochadel war versammelt:

Neben Victorias Taufpaten, der niederländischen Königin Beatrix und König Harald von Norwegen mit Königin Sonja, waren natürlich auch Königin Margrethe von Dänemark in einem wahrhaft königlichen grünen Kleid mit Prinz Henrik, Kronprinz Felipe mit Letizia aus Spanien, Kronprinz Willem-Alexander und seine Frau Máxima der Niederlande und viele andere gekrönte Häupter Europas anwesend. Selbstverständlich waren auch die norwegischen und dänischen »Kollegen« Victorias angereist: Kronprinz Frederik und seine bezaubernde Frau Mary freuten sich ebenso mit dem Brautpaar wie Kronprinz Haakon und Mette-Marit, die ein hinreißendes Kleid in Hellblau trug. Außerdem war Victorias gute Freundin Prinzessin Märtha Louise mit Mann Ari Behn anwesend. Aus Großbritannien waren leider nur Prinz Edward mit Frau Sophie gekommen, aber vielleicht fand man im Vereinigten Königreich trotz der Abwesenheit von William und Harry an dieser atemberaubenden Märchenhochzeit Gefallen, so dass auch in London bald wieder die Hochzeitsglocken läuten …

Aus Deutschland waren diverse Vertreter des Hochadels erschienen, unter anderem Prinz Carl Christian von Hohenzollern und Nicole sowie Prinz Hubertus von Hohenzollern und Ute Maria. Die größte royale Überraschung an diesem Tag der Freude war Fürst Albert von Monaco, der seine Freundin Charlene Wittstock mitgebracht hatte. Eigentlich sieht das Protokoll vor, dass nur Verlobte von royalen Gästen an Anlässen wie diesen teilnehmen können, und so darf man das Auftreten Charlenes wohl als ein eindeutiges Zeichen interpretieren. Natürlich waren auch Victorias engste Freundinnen mit Ehemännern anwesend, allerdings hatte sich Victoria entschieden, den seit der Schulzeit bestehenden Pakt mit ihren Freundinnen zu brechen, sich gegenseitig als Brautjungfern zur Seite zu stehen, sondern wählte dafür die Begleitung von zehn Brautkindern, die meisten davon Victorias hinreißende Patenkinder beziehungsweise Daniels Nichten. Prinzessin Ingrid Alexandra von Norwegen, Prinz Christian von Dänemark und Vivian Sommerlath meisterten diese Aufgabe mit ihren sieben »Kollegen« fabelhaft.

Und auch Prinzessin Madeleine konnte an diesem Tag endlich wieder lächeln. Strahlend schön wie eh und je nahm sie an der Trauung ihrer großen Schwester teil, und ihr eigener Kummer schien an diesem Tag der Freude vergessen.

Auch Carl Philip feierte dieses große Ereignis im Leben seiner geliebten Schwester. Er war alleine erschienen, auch wenn er nach der Trennung von Emma Pernald – die auch zu den geladenen Gästen gehörte – wieder in einer Beziehung ist.

Carl Gustaf verfolgte die Trauungszeremonie seiner ältesten Tochter mit der Würde eines Staatsmanns. Doch auch ihm war nun anzumerken, wie stolz er auf Victoria ist und wie sehr er in der Zwischenzeit Daniel in sein Herz geschlossen hat.

Silvia strahlte vor Glück, und ihr warmherziges Lächeln wird für Victoria einmal mehr eine große Unterstützung gewesen sein. Womöglich dachte Silvia an ihre eigene Hochzeit vor exakt vierunddreißig Jahren zurück, die ihr nach eigener Aussage immer noch so lebendig wie am ersten Tag vor Augen steht.

Dieser Tag war ein großes Fest der Liebe, und alle Unstimmigkeiten der Vergangenheit und auch die Sorgen um Daniels Gesundheit waren vergessen. Daniels Eltern Eva und Olle Westling waren sichtlich stolz und gerührt, als sie von ihrem Platz in der ersten Reihe, gegenüber dem Königspaar, die Trauung ihres Sohnes verfolgten. Wie unwirklich muss ihnen dieser Tag vorgekommen sein – vom kleinen Dorf Ockelbo in die schwedische Hauptstadt, wo ihr Sohn die Kronprinzessin heiratet.

Erzbischof Anders Wejryd wünschte dem frisch vermählten Paar: »Hoffentlich könnt ihr euren persönlichen Freiraum aufrecht erhalten« und sprach nun Daniel mit seinem neuen Titel an: »Prinz Daniel – damit ist es zum ersten Mal gesagt.«

Direkt nach der Trauung bekam Daniel den blauen Seraphinenorden verliehen, nachdem er durch die Vermählung mit Victoria zu Prinz Daniel, Herzog von Västergötland geworden war. Danach trat das Paar auf die Kirchentreppe und ließ sich gebührend feiern, bevor sie um kurz nach 16:30 Uhr die offene Kutsche bestiegen, um ihre Rundfahrt durch die Stadt anzutreten. In diesen Momenten schien die Anspannung der letzten Wochen von beiden abzufallen, und sie sahen einfach nur noch überglücklich und gelöst aus. Victoria strahlte ihr schönstes Lächeln und blickte verträumt gen Himmel, um dann ihrem Daniel einen verliebten Blick zuzuwerfen. Und dann geschah das, worauf alle gewartet hatten – der erste öffentliche Kuss als Eheleute. Es sollte nicht der letzte für diesen wunderbaren Abend sein, die beiden zeigten ihre Liebe und ihr Glück noch viele Male.

Geschätzte fünfhunderttausend Menschen säumten die Straßen der Stockholmer Innenstadt und jubelten dem Brautpaar zu. Ein herrlicher Tag, an dem Stockholm erfüllt war vom großen Glück, das dieses hinreißende junge Paar verströmte. In der Stadt herrschte eine ausgelassene und freudige Volksfeststimmung, man merkte, wie sehr die Schweden ihrer Kronprinzessin ihr Glück gönnen. Die Stimmung war einmalig, und allein wenn man in der Menge stand, die dem Kronprinzessinnenpaar zujubelte, bekam man Gänsehaut. Die Strecke verlief von der Storkyrkan über die großen Hauptstraßen der Stockholmer Innenstadt, die Hamngatan, Kungsgatan, Birger Jarlsgatan und den prächtigen Strandvägen in Richtung Djurgården, wo das Brautpaar auf die königliche Schaluppe Vasaorden umstieg und vom Vasamuseum aus zurück zum Königlichen Schloss gerudert wurde, wo es am Logården unter ohrenbetäubendem Jubel an Land ging.

Dort zeigte sich das Paar zusammen mit Daniels Eltern und dem Königspaar auf dem Balkon, um der jubelnden Menge zuzuwinken. Es war einer der großen Momente dieser Märchenhochzeit: König Carl Gustaf wagte die royale Premiere, als er sich direkt ans Volk wandte und die Menschen aufforderte, das junge Ehepaar hochleben zu lassen. Und nun sprach auch Victoria, und ihre Worte rührten etliche Zuschauer zu Tränen. »Es ist in unserem Leben der bisher größte Tag, ein Tag, den wir für immer in unseren Herzen tragen werden, bis ans

Ende unseres Lebens.« Sie bedankte sich auch beim schwedischen Volk: »Ich möchte mich bei euch bedanken, denn ihr habt mir meinen Prinzen gegeben!«

Nun kannte der Jubel der Menge keine Grenzen mehr, und Victoria und Daniel sahen einander verliebt an. Sie gab ihm einen zärtlichen Kuss auf die Wange, der ihn strahlen ließ. Und im nächsten Moment küsste auch er sie zart auf die Schläfe.

Ein wahrhaft bewegender Moment – und eine echte Überraschung, denn noch nie haben bei einer royalen Hochzeit der König und sogar die Kronprinzessin Worte an das Volk gerichtet.

Im Anschluss fand nun das glanzvolle Hochzeitsdiner im Rikssalen im Schloss statt. Das Hochzeitsmenü bestand aus vier Gängen, die verschiedene Fleisch- und Fischkreationen aus Zutaten der Saison und angelehnt an typisch schwedische Gerichte bereithielten. Verantwortlich für die Verköstigung der Gäste war Daniels enger Freund Stefano Catenacci, Chef des renommierten Lokals Operakällaren. Keine leichte Aufgabe, etwa fünfhundert Gäste zu versorgen, so dass die Arbeit auf zwei Küchen und circa fünfzig Köche verteilt wurde.

Es war ein rauschendes Fest mit weiteren emotionalen Höhepunkten: Der König rührte mit seiner Ansprache die Kronprinzessin zu Tränen und machte an ihrem 34. Hochzeitstag auch Silvia eine Liebeserklärung, als er ihr mit bewegenden Worte eine Rose überreichte, die er aus der Tischdekoration entnahm. Daniel rührte in seiner Rede Victoria zu Tränen und überzeugte alle Gäste und das ganze schwedische Volk von sich, als er zum Abschluss sagte: »Victoria, das Größte von allem ist die Liebe. Ich liebe dich so.«

Nach dem Dinner und dem Anschneiden der elfstöckigen und über drei Meter hohen Hochzeitstorte feierte man ausgelassen bis in die frühen Morgenstunden im Schloss. Ein Fest, wie es sich Victoria und Daniel gewünscht hatten, würdig, ihre große Liebe, um die sie so lange hatten kämpfen müssen, zu krönen. Ein Traum war in Erfüllung gegangen, und Schweden hatte nun ein strahlendes Thronfolgepaar, das einer glücklichen gemeinsamen Zukunft entgegensah.

Wohnen wird das junge Paar im Haga Schloss am nördlichen Stadtrand Stockholms, inmitten eines herrlichen Parks mit eigenem See.

Die perfekte Unterkunft also für das glückliche Brautpaar, das nach acht gemeinsamen Jahren, einem harten Kampf um ihre einzigartige Liebe und einer traumhaften Märchenhochzeit noch lange nicht am Ende des gemeinsamen Weges angekommen ist.

Die Zukunft für Victoria und Daniel hat gerade erst begonnen, und nach all dem, was die beiden bereits zusammen durchgestanden haben, könnten die Vorzeichen nicht besser stehen. Und so bleibt zu hoffen, dass das Paar das herrliche Haga Schloss nicht mehr lange nur zu zweit bewohnen wird …

Quellenverzeichnis

Alexandersson, Jenny: Förlovningen 2009, Schibsted Förlag, 2009
Lindqvist, Herman: Drottningen med tiden, Bonnier Fakta, 2009
Lindwall, Johan T.: Victoria. Prinsessan privat, Bokförlaget Forum, 2010
Loh, Norbert: Silvia von Schweden. Eine deutsche Königin, Droemer, 2003
Utterström, Andreas: Daniel och Victoria. En kärlekshistoria, Big bok, 2007

Diverse Internetseiten

www.royalcourt.se
http://aftonbladet.se/nyheter/victoria30/article554708.ab?service.print
http://aftonbladet.se/nyheter/article102491.ab
http://aftonbladet.se/hovbloggen
http://jennyalexandersson.blog.de/

Bildnachweis

Bildteil 1:
Seite 1 oben: laif / Gamma / Eyedea Presse
Seite 1 unten: laif / Keystone France
Seite 2/3:   dpa / picture alliance
Seite 4:   AP Images / ddp images
Seite 5:   Interfoto / amw
Seite 6/7:   Keystone Pressedienst / Scanpix
Seite 8:   adolph press
Seite 9 oben: Dana Press Photo / Thomas Nielsson
Seite 9 unten: ullstein bild / Reuters
Seite 10/11:   akg-images / Nordic Photos
Seite 12:   Featpixx.com / T. Persson

Seite 13:	dpa / picture alliance
Seite 14:	Picture Press / Mark Stewart
Seite 15:	AP Images / Associated Press
Seite 16 oben:	AP Images / Alastair Grant
Seite 16 unten:	Featpixx.com

Bildteil 2:

Seite 1 oben:	laif / Benainous Alain / Gamma
Seite 1 unten:	dpa / picture alliance / Patrick van Katwijk
Seite 2 oben:	dpa / picture alliance
Seite 2 unten:	AP Images / Scanpix Sweden
Seite 3:	People Picture / Stefan Schnoor
Seite 4:	CMK Images / STE
Seite 5 oben:	dpa / picture alliance / Pb Ekströmer
Seite 5 unten:	AP Images / Scanpix Sweden / Henrik Montgomery
Seite 6/7:	AP Images / Scanpix Sweden / Leif R. Jansson
Seite 8 oben:	AP Images / Royal Court Handout / Anonymous
Seite 8 unten li.:	Reuters / Scanpix Sweden
Seite 8 unten re.:	Reuters / Bob Strong
Seite 9:	picture-alliance / dpa
Seite 10/11:	picture-alliance / dpa
Seite 12/13:	picture-alliance / dpa
Seite 14/15:	picture-alliance / dpa
Seite 16:	picture-alliance / dpa